AF501535

AU LAOS

DU THIBET EN CHINE

DE CHINE AU THIBET

2e SÉRIE GRAND IN-8e CARRÉ

A dos d'éléphant dans les monts Phu-Sang.

AU LAOS

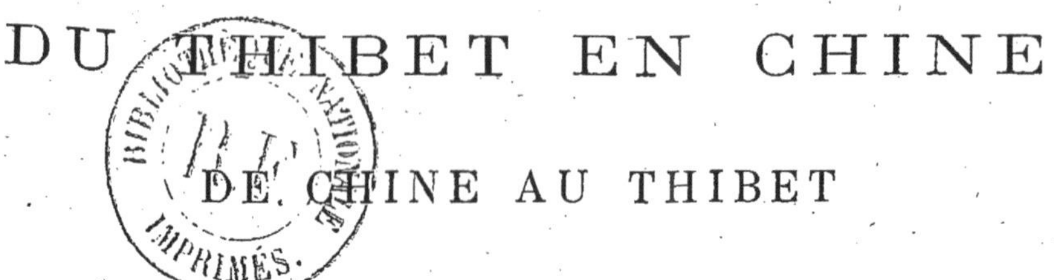

DU THIBET EN CHINE

DE CHINE AU THIBET

PAR

DEUX MISSIONNAIRES

TOURS

MAISON ALFRED MAME ET FILS

AU LAOS
PAR
DEUX MISSIONNAIRES
A. Mame & Fils
Éditeurs
à
Tours

AU LAOS

I

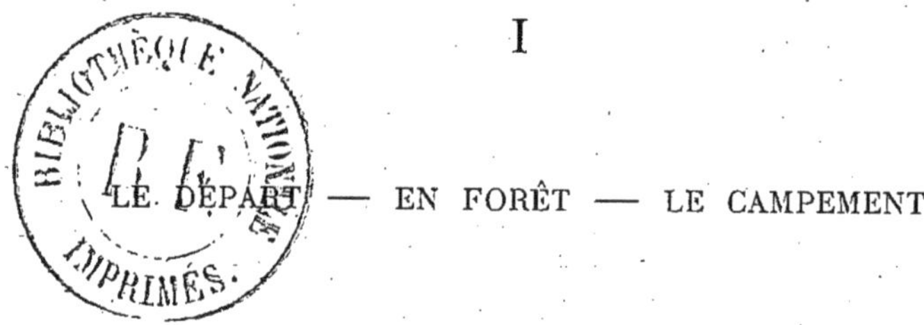

LE DÉPART — EN FORÊT — LE CAMPEMENT

Le mois de février venait de commencer. Le Père Prodhomme avait déjà fait ses achats et fermé ses caisses; une grande barque contenait tous les colis de la mission; nous partîmes. Nous reçûmes en route la plus fraternelle hospitalité chez les missionnaires. En plein XIXe siècle comme aux jours de la primitive Église, les apôtres du christianisme n'ont tous qu'un cœur et qu'une âme.

Nous arrivâmes à Tha-Kien. Là il fallut réparer les chars, en acheter de nouveaux, se procurer des bœufs à des prix exagérés. Après huit jours de négociations et d'ennuis, les choses se trouvèrent prêtes; les chars furent expédiés en avant sous la conduite de deux catéchistes; nous célébrâmes la sainte messe, ce divin viatique du voyageur, et, enfourchant nos chevaux, nous eûmes bientôt fait de rejoindre nos équipages.

Traînée par deux bœufs, la charrette minuscule du pays siamois est composée de trois traverses formant un triangle allongé; le sommet sert de timon et supporte un joug; la base forme le corps de la voiture et repose, par un système tout particulier et très primitif, sur deux roues en bois; l'essieu, également en bois, est gros comme le pouce. Ainsi construite, cette jolie brouette est recouverte d'une capote en paille et peut porter facilement trois cents livres. Mais quelle lenteur, grand Dieu! Les bœufs vont toujours au pas, et encore! Je suis certes fort indulgent en admettant trois kilomètres à l'heure; comptez avec les arrêts forcés par bris de char ou l'entêtement des animaux, par le mauvais état des chemins, et estimez-vous heureux si vous parcourez deux kilomètres en une heure.

A Siam il n'y a pas de route; alors par où passe-t-on? direz-vous. C'est bien simple, on passe où de temps immémorial les chars ont passé, suivant d'un village à l'autre le sentier tracé par ceux qui nous ont précédés; mais de route suivant le sens réel du mot, il n'en est pas question. Les chars se suivent comme les promeneurs chinois; devant eux marche un éclaireur armé d'un énorme couteau avec lequel il abat les branches qui pourraient atteindre les attelages, ou les menus arbres que les éléphants foulent aux pieds et jettent en travers de la voie.

Ces inconvénients ne se rencontrèrent pas en quittant Tha-Kien; nous traversions une vaste plaine, où le riz était moissonné, ce qui rendait la marche facile.

Après avoir chevauché environ une heure, nous arrivâmes à l'entrée de la forêt. Là devaient nous quitter nos compagnons; on se dit adieu, on se souhaita mutuellement bon voyage et succès, on se promit des prières, et les deux petites caravanes se séparèrent.

Bientôt nous entrâmes dans un épais fourré. Le passage, difficile pour un piéton, semblait impossible pour un cavalier, et à plus forte raison pour un char. Les arbres, s'élevant à trente ou quarante mètres, sont ornés d'un feuillage si épais qu'il est impénétrable aux rayons du soleil; d'énormes lianes descendent du haut de ces arbres comme les cordages d'un gigantesque navire ; le sol est couvert de rotins et de plantes épineuses entravant la marche. Les pluies ont défoncé le chemin; certainement les chars vont rester en détresse. Hélas! ce n'était que le commencement des difficultés du voyage !

Notre halte de midi se fit auprès d'un étang ; mais quelle eau, mon Dieu! les buffles y boivent, s'y baignent et la transforment en vase épaisse. C'est alors qu'il faut se souvenir du divin Crucifié abreuvé de fiel et de vinaigre. Mes compagnons se délectent de ce nectar ; moins résigné, j'avise une claire petite fontaine coulant dans le voisinage; mais son onde perfide s'est imprégnée du goût des feuilles pourries, et notre chef m'interdit impitoyablement d'en approcher les lèvres.

« C'est trop fiévreux ! » dit-il.

J'obtins avec peine qu'on s'en servît pour faire du café, et de ma vie je n'en ai bu d'aussi bon.

Dès que la plus grande chaleur fut passée, on leva le camp. La route était couverte de sable, et les bœufs y enfonçaient profondément ; les accidents de terrain se succédaient, et toujours on cheminait à travers cette forêt que les Siamois appellent Dong. On n'avançait guère, et, la nuit survenant, il fallut continuer le voyage à la lueur des torches. Un homme prit la tête du convoi portant une torche et la secouant sur un bâton pour faire tomber les flammèches sur le chemin qu'elles éclairaient ; les bœufs et les chevaux, familiarisés avec ce procédé, suivent tranquillement la route de feu que leur trace le guide et demeurent près des chars, surtout quand leur instinct les avertit que le tigre rôde dans les environs ; alors ils se pressent les uns contre les autres.

Enfin nous arrivons au village de Namascaï, et nous faisons ranger les attelages. Pour un voyage de cette nature, c'est une précaution utile de disposer les chars en cercle ; les chevaux sont attachés à des piquets fixés au centre, et les bœufs mis par couple entre les voitures, de manière à ne laisser aucun passage aux rôdeurs à deux ou quatre pattes qui tenteraient de s'introduire dans la place.

Les voyageurs couchent sous les chars, le fusil à portée de la main, car les vols sont fréquents dans ce pays.

La cuisine se fait en dehors du cercle. Il y a un char *ad hoc,* qui est consacré aux marmites, aux assiettes, au riz et aux provisions de bouche. Lorsqu'il est installé, les cuisiniers entrent en matière d'une façon très primitive : ils coupent trois petits bâtons qu'ils enfoncent dans le sol, posent la marmite dessus, allument le feu et font si exactement leurs calculs, que jamais les bâtons ne sont brûlés avant que la soupe soit cuite. On ajoute au menu quelque poisson, un morceau de viande, des légumes, on place le tout à terre sur une natte, et l'appétit sert d'assaisonnement.

Après la prière, chacun s'organise de son mieux pour la nuit; au-dessus des nattes on place une espèce de toiture portative appelée *hâscëng*, qui est faite de feuilles étroites et longues cousues ensemble ; elle se plie par le milieu et se pose à cheval sur le timon des chars.

Le sommeil ne se fait pas attendre, et Dieu garde ses voyageurs.

Notre route se poursuit avec les incidents voulus de chutes de chars et de roues brisées à rajuster. Au Nong-Piding, nos deux catéchistes nous laissent, emportant nos lettres pour la France.

II

DE « BRAVES GENS »
AUGMENTATION DE NOTRE CARAVANE

Les bœufs, fatigués ou blessés par le joug, nous imposent une station, et nous faisons une partie de chasse; quelques poules sauvages s'envolent à notre approche, suivies d'une bande de singes noirs appelés *hâm* par les Siamois. Ces singes sont grands, ils ont de longs bras bien articulés, habitent les profondeurs des forêts et poussent un cri singulier qui ressemble à un ricanement et trahit de loin leur présence.

Une demi-journée de marche nous conduisit à la douane, qui est ou qui semble instituée pour surveiller et arrêter les voleurs, mais qui remplit un office tout différent. En effet, arrivés longtemps avant les chars, et les attendant à côté du poste, nous vîmes arriver cinq buffles qui semblaient avoir été chassés de la forêt dans la direction de Bangkok, et qui étaient suivis de deux autres buffles montés par des hommes; ceux-ci, après un mystérieux colloque avec les douaniers, continuèrent leur chemin.

« Ce sont de braves gens, me dit un douanier ; je les connais, celui-ci est mon frère aîné. »

Et voilà qu'à la tombée de la nuit, des individus armés de fusils accourent d'un air consterné et s'informent des buffles qu'on leur avait volés ; d'après leur description, nous reconnaissons ceux que conduisaient « les braves gens » de l'heure précédente, et nous les adressons aux douaniers, qui protestent effrontément n'avoir rien vu. En vain essayons-nous de les confondre, ils sont « l'autorité » : nulle prise sur eux ; et les pauvres volés continuent au loin leurs recherches.

A la forêt épaisse nommée Dong de Tha-Kien succède un petit bois d'arbres chétifs et espacés presque régulièrement, comme un quinconce ; le sol en est couvert d'herbes sèches qui alimentent de fréquents incendies, parfois redoutables, mais favorisant le développement d'une nouvelle végétation, sans laquelle il serait impossible de nourrir les bœufs des caravanes.

Nous n'avions pu organiser une chapelle portative dans un de nos chars, et, pendant tout ce voyage, nous devions être privés du bonheur de célébrer le saint sacrifice. Nous passâmes notre premier dimanche près d'un ruisseau dont l'eau stagnante était néanmoins claire et potable. Le bon Dieu nous envoya le soir un orage formidable ; le tonnerre grondait avec fracas, les moustiques nous dévoraient, et la pluie tombait par torrents. On étendit des branches sous les nattes pour essayer d'échapper à la funeste humidité du sol, et, par surcroît de précautions, il y eut une distribution obligatoire de quinine. Les premières pluies sont, en effet, très redoutées des Siamois; heureusement personne ne fut malade.

Cette pluie providentielle nous préserva du tourment de la soif pendant la longue étape que nous eûmes à fournir le lendemain à travers un pays généralement aride.

Tandis que nous déjeunions, un talapoin de trente-cinq ans environ s'approcha de nous ; il portait la petite

Laotiens faisant cuire du riz.

robe jaune courte descendant jusqu'aux genoux, et sur le dos il avait un volumineux paquet. Il s'arrêta près de nos gens d'un air de convoitise. Le règlement, en ville, interdit de faire l'aumône aux talapoins qui, chaque matin, parcourent les rues portant une marmite, où leurs dévots jettent une poignée de riz cuit en les saluant profondément ; mais, dans la forêt, la charité reprend ses droits, et nos gens lui firent place près d'eux, car il avait faim. Il nous raconta qu'il avait visité tout le

Laos, nous donnant des détails que pouvait contrôler le Père, et nous avoua avoir des habits laïques dans son sac.

« Mais en voyage, concluait-il, je préfère l'habit jaune : on est mieux nourri, et on couche dans les pagodes. »

Le soir, nous arrivâmes au ruisseau de Khoï-huac-Khoï, le plus considérable que nous eussions encore rencontré ; il constitue la branche principale du fleuve qui, sortant des montagnes de Chomtkabin, coule vers le nord jusqu'à Sa-Kio, où nous étions, fait un coude du côté de l'ouest entre Kabin et Pachim, et enfin, au sud-ouest, se dirige sur la mer. Tous les cours d'eau que nous avons trouvés jusqu'ici sont ses affluents. Ce point forme la ligne de partage des eaux. De là jusqu'à la montagne, les ruisseaux sont les affluents du grand lac du Cambodge ou Tonlé-Sap.

Le passage se fait difficile pour les chars ; l'un d'eux roule jusque dans le lit de sable de la rivière, et en est tiré sans grandes avaries. Le pauvre conducteur se releva sans se plaindre ; mais sans doute avait-il subi quelque lésion interne, car il mourut presque subitement deux jours après notre arrivée à Ubon.

A Saï-Kéo, nous rejoignîmes la route qui se prolonge de Chantabum à Battambang ; elle est élevée d'un mètre au-dessus des champs, ce qui la met à l'abri des inondations. Ce serait la plus belle voie de communication de l'Indo-Chine si elle était entretenue ; mais on est souvent obligé de la quitter, tant elle est dégradée, et de faire un circuit à travers les bois pour éviter des passages impraticables.

Les environs de Saï-Kéo sont remplis de minera de fer, qui se trouve à fleur de terre; la route en est littéralement pavée, au grand dommage des pieds des chevaux; il en est ainsi de Sahio-Noussang à Kahan-sac.

Près de l'étang de Nong-Salika, deux routes s'offraient à nous ; celle du nord est plus courte, mais traverse un pays sans eau; aussi notre chef choisit-il la route du sud, bien qu'elle fût plus longue.

En très peu de temps nous atteignîmes Ang-Sala. Quel ne fut pas notre étonnement d'y trouver des baraquements considérables! Un Européen y était attendu le soir même pour procéder à la pose du fil télégraphique de Battambang. Le lendemain, nous prenons notre direction à travers une magnifique plaine d'où l'on découvre la chaîne des montagnes qui supportent le plateau laotien, et le soir nous arrivons à B. Hong-Sang. Nous y sommes réduits de nouveau à l'eau bourbeuse d'un puits commun et insuffisant. Le lendemain, après avoir dépassé l'étang des Deux-Frères (Nong-Phi-Nong-Nong), nous en manquons tout à fait; la chaleur est accablante et accroît la fatigue de la longue étape qui aboutit à Hong-Hoï. Le pays abonde en bœufs sauvages.

Enfin nous rejoignons la route de Hong-Salika, par laquelle les marchands de bœufs birmans et laotiens conduisent généralement leurs troupeaux. Le nombre de ces bêtes, qui atteint plusieurs milliers, explique la largeur de ce chemin.

Nous rencontrâmes une bande de Laotiens d'Ubon, descendus de leurs montagnes à l'occasion d'un procès entre le gouverneur et le *raksabuk,* et retournant chez eux; la crainte des voleurs leur inspira le désir de se joindre à notre caravane, ce qui leur fut accordé avec empressement. Leur mince bagage ne semblait pas cependant pouvoir exciter la convoitise des rôdeurs ; ils le portaient sur leurs épaules à la manière laotienne, c'est-à-dire dans deux paniers attachés à chaque extrémité d'un gros bambou, lequel se pose sur l'épaule de façon à ce que l'un des paniers se trouve en avant et l'autre en arrière du porteur, qui peut ainsi suivre les étroits sentiers de la forêt sans se heurter aux branches. L'un de ces Laotiens avait déjà fait seize fois ce voyage; nous n'avions donc qu'à le suivre sans plus nous inquiéter de notre itinéraire.

La route côtoie de beaux étangs; c'est pour cela qu'elle a été adoptée par les marchands de buffles, ces animaux ne pouvant fournir chaque jour qu'un assez court trajet, et à condition de bains prolongés pendant plusieurs heures.

Une nuit nous fûmes témoins à distance d'un superbe incendie; d'abord l'horizon fut éclairé comme par une aurore boréale, puis les flammes s'élancèrent, attaquèrent les grands arbres de la forêt, et l'embrasement devint général.

Nous avions atteint la province de Savoï-Chik. Après le village de B. Saïn-Rong, nous traversons un gros ruisseau, et nous arrivons à Krasé-nié-maï, situé dans une agréable plaine. Nos voyageurs d'Ubon nous avaient mis en garde contre les sauvages habitants de ce village cambodgien; bientôt en effet ces derniers nous donnèrent un échantillon de leur savoir-faire.

Voyant nos bœufs paître tranquillement auprès de nous, ils poussent dans cette direction leurs troupeaux, dans l'espoir que nos bêtes se mêleront aux leurs et les suivront. Le Père devine la ruse et la déjoue ; mais il faut élever la voix, mettre le fusil à la main et menacer de tuer le premier bœuf qui viendra à portée du campement. Cet argument parut sans réplique, et nous ne fûmes plus inquiétés.

III

LES RUINES DE PHỤ-TAÏ-SAMAN. — PÉNIBLE ASCENSION DE LA MONTAGNE

A l'extrémité de la plaine de Krasé-nié-maï se profile une route allant vers Battambang; elle paraît vaguement avoir été travaillée de main d'homme, et aboutit à un talus en terre traversé par un chemin de chars; on dirait les fortifications d'une ville.

Le chemin s'éleva progressivement et nous conduisit sur une large plate-forme qui se prolongeait au loin, bordée à droite par un fossé garni de murs de soutènement, large de soixante mètres et profond de huit à dix. Nous suivons ce fossé, tournons à angle droit, et une caravane croisée là nous apprend que nous sommes à Phu-Thaï-Saman, et qu'il s'y trouve d'intéressantes ruines. Nous nous précipitons à la découverte.

Après avoir traversé le fossé sur un pont en terre soutenu par des blocs de granit pailleté de minerai de fer, nous arrivons à une porte monumentale flanquée de deux corps de garde; nous la franchissons, et nous

nous trouvons dans une enceinte carrée entourée de murs, dont chaque côté mesure cinq cents mètres de longueur. Au milieu de chaque face est percée une porte énorme ornée de figures de granit.

Le mur est en piérres; celles du couronnement sont taillées en ogives avec sculptures simulant des figures humaines. La porte orientale, par laquelle nous sommes entrés, ouvre sur une grande avenue conduisant à droite à une petite chapelle dont le toit est aussi curieux que difficile à décrire. De nombreux débris de statues de Bouddha jonchent ce monument; dans les fenêtres se dressent de fines colonnettes en pierre tournée avec moulures comme des colonnes de bois, travail délicat fait pour surprendre ainsi perdu dans la forêt.

Notre étonnement redoubla lorsque nous débouchâmes en face d'une vaste construction, qui peut mesurer de cent à cent cinquante mètres. Le centre de la façade est occupé par une grande porte en ruine, précédée d'une large terrasse à laquelle on accède par de nombreux escaliers dont les rampes se terminent en têtes de dragons.

Franchissant l'entrée du palais, nous parcourons une succession de galeries coupées par des galeries transversales, aux intersections desquelles s'élèvent des pyramides quadrangulaires et curvilignes. Une galerie extérieure bien conservée s'abrite sous un toit rond en pierres. Dans diverses salles on voit encore des tableaux : la trinité brahmanique, Bouddha dans une coquille, des fleurs, des animaux, des cigognes, des musiciens.

La forme générale aussi bien que les détails ne permettaient pas le doute; nous étions en présence d'un monument khmer, une réduction d'Angkor-Vat.

Je crois que ce monument n'a été visité par aucun Européen avant nous. Une trop luxuriante végétation le disloque, renversant les murs et les pyramides, et il est à craindre qu'avant peu d'années il ne reste plus rien de ce curieux spécimen de l'art d'une race jadis intelligente et laborieuse, aujourd'hui disparue.

Ce pays est sous la juridiction siamoise, mais les habitants sont Cambodgiens, comme le témoigne le style d'une pagode voisine, assez peu remarquable d'ailleurs.

Chemin faisant, nous rejoignons une bande de Laotiens envoyés à Battambang par le gouverneur de Si-Sahet pour le service du télégraphe et d'un grand personnage siamois. Ces pauvres gens, leur corvée achevée, retournaient chez eux ; ils voyageaient depuis neuf jours déjà, et n'étaient qu'au milieu de leur course : donc trente-six jours de route aller et retour pour fournir leur corvée. Système siamois breveté !

Le choléra sévissait à Battambang ; ils en avaient emporté le germe, trois étaient morts déjà, deux autres bien malades. Le Père épuisa en vain pour eux sa science médicale ; un d'eux succomba pendant la nuit même, l'autre fut saisi le lendemain du délire de la fièvre chaude et expira à son tour. Le cadavre fut jeté avec indifférence dans une ornière profonde, et ses camarades s'éloignèrent sans un soupir de regret. Notre sainte religion seule a le souci de la vie, le culte de la mort et le secret des divines consolations.

Enfin nous atteignons la montagne du Laos. Son premier gradin, haut de dix mètres seulement, est facile à aborder ; une charmante plate-forme le couronne, puis on redescend au bord d'un ruisseau, qui prend sa source dans les défilés où nous le retrouverons souvent ; c'est le dernier affluent du lac du Cambodge.

Nous montons ensuite sur un plateau borné en avant et à gauche par une immense muraille de pierre. A droite le ruisseau forme précipice ; on cherche en vain une route dans cette impasse, et, pour en sortir, il faut se risquer à l'escalade de cette muraille de pierre, que nous abordons du côté du ruisseau. Les bœufs dételés montent péniblement à l'assaut, et quatre d'entre eux roulent dans la descente du casse-cou ; les cavaliers mettent pied à terre et s'accrochent où ils peuvent, tirant leurs montures par la bride. Pourtant là n'est pas la plus grande difficulté, et il s'agit de l'ascension périlleuse des véhicules. Nos compagnons de route mettent leurs bras et leur bonne volonté à notre service ; nous déchargeons les chars et les hissons de rocher en rocher, les déposant tantôt sur un bloc énorme avec une roue surplombant l'abîme, tantôt en équilibre sur une pierre en forme de toit, au risque de les écarteler. Ce passage de cent cinquante mètres de long gravit trente mètres.

Les colis furent montés à dos d'homme.

Cette rude besogne terminée, nos Laotiens, se sentant arrivés en pays ami, nous quittèrent en nous assurant que nous ne rencontrerions plus de mauvais pas et que le lendemain nous serions hors de la montagne.

Un chemin inégal comme le lit d'un torrent nous conduisit au pied d'un troisième échelon plus haut que les précédents, mais heureusement sans rochers. Nos bœufs les gravirent en tirant les chars, tandis que nos gens poussaient aux roues, et il n'y eut pas d'accident.

Au sommet nous reprîmes haleine dans une clairière,

où un de nos hommes fut mordu par un serpent en puisant de l'eau ; mais le remède du Père Desaint, immédiatement appliqué, conjura les effets du venin.

Le jour suivant, une quatrième colline aussi élevée que la précédente se dressa devant nous, avec un affreux chemin tout hérissé de rocs aigus. Les bœufs étaient fatigués, les chars disloqués, les gens harassés, et il fallait passer coûte que coûte.

L'entrain de notre chef ne se démentit jamais heureusement, et il ne ménageait pas sa peine. Nous encourageant de l'exemple et de la voix, il se mit au travail ; nous le secondâmes, et à midi les quatre chars étaient sur le plateau supérieur. Quel beau panorama se déroula devant nous ! La plate-forme vaste et unie, entourée d'un rideau de manguiers sauvages, bordée de précipices abrupts, se termine à l'ouest par un rocher élevé, qui domine la montagne et la plaine siamoise ; de hautes cimes se dessinaient à l'horizon.

Salut des Laotiens.

L'est seul laissait un passage libre. En allant à la découverte, nous constatons que nous sommes loin d'avoir franchi la montagne, et que nombreuses sont les difficultés qui nous restent à vaincre ; d'autre part, le riz fait défaut.

Après mûre délibération, trois d'entre nous se mirent en quête de renfort et de vivres ; et je pris la direction de la caravane, que j'avais à conduire à la station suivante, distante d'un kilomètre seulement.

La route était belle, sauf sur un parcours de cent mètres; et pourtant, au bout de cinq heures, trois chars seulement étaient au but et un conducteur avait failli être tué. Il était nuit, et le découragement m'envahissait quand j'entendis au loin résonner un joyeux refrain: c'était la voix du Père dont l'écho avait saisi les accents au moment où il entrait dans le défilé. Une heure s'écoula encore, puis il apparut, reprit le commandement et remit la caravane en bon point. Il était minuit, et je dormais debout.

IV

CE QU'IL FALLUT FAIRE POUR AVOIR DU RIZ — PAQUES DANS LES BOIS

Le soleil était haut sur l'horizon lorsque je m'éveillai près d'un ruisseau aux bords escarpés; il fallut, au prix de maints efforts, transporter nos colis et nos chars sur la rive opposée. Les chars de renfort arrivèrent, mais sans apporter de riz, et je fus envoyé comme parlementaire.

Je partis, suivi par un de nos hommes, mon fusil sur l'épaule gauche et notre unique revolver dans mon sac. La montée dans la forêt me parut longue, enfin je débouchai sur un immense rond-point qui était le plateau laotien; un quart d'heure plus tard j'étais au village de B. Salak-Daï.

Le maire accourut à ma rencontre, demandant si les chars n'étaient pas arrivés.

« Oui, dis-je, mais sans riz. »

Il feignit l'étonnement et m'en offrit à un taux

exorbitant. Je refusai, j'en appelai aux conventions faites par écrit, et je le sommai de me procurer le riz convenu.

« On s'en occupe, » fit-il, et il détourna la conversation.

Déjà le soleil baissait, je ne voyais rien venir, le maire avait disparu; j'interpellai un individu qui se trouvait là, il me répondit :

« Allez à la maison du maire, vous y trouverez ce que vous cherchez. »

Et il me la désigna.

J'y fus, et en montant l'escalier j'aperçus trois sacs de riz que le rusé matois avait requis pour nous dans le village, mais qu'il comptait s'approprier gratis. Ce coup d'œil me suffit, et je jurai que nous ne nous coucherions pas sans souper.

Je m'adressai une dernière fois au maire, lui disant :

« Le jour décline, je veux partir, vends-moi du riz.

— Il n'y en a pas, répondit-il résolument.

— S'il en est ainsi, dis-je au domestique, selle les chevaux et amène-les ici. »

Le maire se réjouissait déjà de sa victoire. Dès que j'eus les rênes en main, je lui adressai une dernière sommation invoquant le traité de la France avec le Siam, et en même temps je donnai l'ordre à mon homme de charger les sacs de riz.

Changement de scène : le maire, se voyant le plus faible, fait l'empressé, tout le monde accourt, les femmes vannent le riz, car « un grand homme comme moi ne doit point manger du riz mal décortiqué ».

Fier de ce premier succès, je proclame :

« Il me faut deux ou trois poules, et je les payerai.

— Vous avez un fusil, répond le maire; tirez-en deux. »

J'accepte et passe le fusil à mon domestique. Ce voyant, le maire, me croyant sans armes, donne un signal, et un grand tumulte se produit. Je comprends le piège et marche froidement sur lui.

« Crois-tu, lui dis-je, te jouer ainsi d'un Européen? Tu appelles aux armes, mais regarde ce joujou, » et je lui montrais le revolver, « il contient six balles, la première est pour toi, j'aviserai pour les autres. »

Aussitôt le maire, pâle et tremblant, fait des signes, et chacun de s'éclipser. On n'entendit qu'un seul coup de feu, celui de mon homme abattant les poules; il en rapporta deux.

« Deux poules d'un coup de fusil! s'exclama le maire.

— Voilà comment tirent les domestiques des Européens, répondis-je. Juge ce que ferait le maître. »

Le riz était prêt; je le fis mettre sur le cheval du domestique, les poules aussi, et je partis en hâte, craignant de voir surgir de nouvelles difficultés.

La nuit était profonde quand nous rentrâmes au campement, et le Père riait de bon cœur en écoutant mon histoire.

« C'est pour vous former que je vous ai envoyé, » me dit-il.

Le lendemain une dernière montée nous conduisit à une petite station située près d'un étang couvert de lotus. Les graines de ces fleurs sont enfermées dans une espèce de parasol naturel; quand elles ont atteint leur maturité, on coupe la tige, on renverse le parasol sur des charbons ardents, et les graines grillées ont un goût fin rappelant celui de nos noisettes.

Un peu après cet étang, la route tourne vers l'ouest, et la montagne finit par une belle clairière à la hauteur du plateau laotien, et nous arrivons à Saladaï pour y célébrer le dimanche des Rameaux de l'an 1883.

Ce jour du pacifique triomphe de Jésus, suivi de si près par les douleurs de sa Passion, fut un jour de repos et de recueillement pour nous; nous nous unissions par le souvenir à cette fête de Pâques fleurie dans la lointaine patrie: fête poétique de la vieille France chrétienne, où le rameau béni à l'église protège pendant toute une année le foyer domestique et répand l'eau sainte sur le cercueil de ceux que Dieu appelle à lui.

Désormais notre route sera plus facile, la marche plus rapide, et le récit aussi... peut-être.

Étant allés à B. Makham pendant que nos bœufs paissaient dans la forêt, on nous proposa de nous en vendre d'autres à très bas prix; mais l'expérience rend défiant. Flairant un piège, nous fîmes une enquête et on découvrit que ces animaux avaient été volés dans l'ouest, à B. Si-Thuan sur le fleuve Hi, où les adroits filous avaient fait une razzia complète de tous les troupeaux.

Le marché ne fut donc pas conclu, et nous continuâmes notre route. Elle inclinait vers le sud et nous rapprochait des montagnes, où nous voyions de beaux pins très élevés.

Après avoir traversé un ruisseau littéralement rouge de minerai de fer, nous pénétrons à B. Ulok, où la vue de nos chevaux sème l'effroi. Les hommes crient, les femmes se sauvent, les mères cachent leurs enfants; ce pays est souvent visité par les Birmans, adonnés à la traite des esclaves, et nous avions été pris pour eux. Quand l'erreur fut reconnue, la peur s'apaisa, on rit et on fut même assez aimable pour nous.

Un joli ruisseau coule près de ce village. Les jours suivants nous traversâmes Taschong, puis Chantharamul, village cambodgien de race et de nom.

Nous remarquons que les villages se groupent davantage et s'entourent de palissades, indice de la probité des voyageurs. Chantharamul, entre autres, est clos comme une forteresse.

Le samedi saint nous arrivons à B. Seh-ï, et nous défonçons une boîte de sardines; les Laotiens nous regardent avec ébahissement jouer de la fourchette, eux qui ne connaissent que celle d'Adam, et combien fut heureux et fier celui à qui échut en partage la boîte de fer-blanc vide!

Nous tenions à célébrer le jour de Pâques en pleine forêt, afin de pouvoir prier ensemble et à notre aise. L'aurore nous vit pénétrant dans les bois, où, ayant rencontré un étang, nous décidâmes de passer là la grande fête de la Résurrection; l'eau de l'étang ne devait pas en faire la fête de la gourmandise. Les conducteurs de buffles, pour faire baigner leurs animaux, fauchent les herbes qui tapissent le fond des mares, et, en pourrissant, elles impriment à l'eau un goût nauséabond. Pour la corriger, nous débouchons une bouteille de vin, et du fond de la forêt laotienne nous nous unissons aux réjouissances des peuples chrétiens comme à la pompe des offices de leurs basiliques. Notre part est belle aussi, puisque nous sommes envoyés pour donner la vie de l'âme aux pauvres nations ensevelies dans les ténèbres du paganisme.

Le lundi de Pâques, notre première halte se fait à M. Si-Caraphum, province tributaire de Surin, sur une vaste pelouse ombragée par un gigantesque peuplier des Indes; le tronc, jusqu'à une grande hauteur, mesure au moins dix mètres, et au pied de l'arbre sa circonférence atteint vingt mètres.

Un juge du pays nous envoya à déjeuner; cette aubaine, qui nous arrivait pour la première fois, entre dans les coutumes du pays. Plusieurs habitants s'approchent de nous, la conversation s'établit, tombe sur la religion, et je me mets naïvement à rêver apostolat; mais le Père Prodhomme jette un froid sur mon enthousiasme en proclamant :

« Rien à gagner ici : race de voleurs et d'impudiques. »

Vers le soir, nous arrivons à l'un des plus beaux sites que j'aie vus au Laos. La forêt s'élargit autour d'une charmante plaine ovale dont le centre est formé par un mamelon planté de tabacs, de bananiers et de cocotiers, parmi lesquels émerge le village de Sam-Rang-thab; cela donne l'impression d'une île au milieu d'un lac, île de verdure sur laquelle les toits des habitations se détachent de la manière la plus pittoresque.

De gros arbres plantés à l'entrée de la pagode nous fournissent un abri pour la nuit.

Nous traversons successivement les villages cambodgiens de Muung-si, de Khoh et de B. Noï, malgré les entraves que leurs habitants essayent de mettre à notre voyage en coupant la route. A B-Nong-Sum nous nous retrouvons en pays laotien; la disette commence à se faire sentir, et, comme nous longions un étang consacré au diable et au centre duquel s'élève un oratoire auquel on accède par un pont, nos gens y jetèrent au hasard leur filet et le ramenèrent rempli de poissons. Une pêche vraiment miraculeuse; et quel repas exquis!

V

VISITE DE CÉRÉMONIE CHEZ UN GOUVERNEUR — UN MAIRE QUI EST UNE FEMME — NOUS ARRIVONS

Kamphïng, où nous arrivons le soir, doit avoir un passé brillant, à le juger par le mur d'enceinte très bien conservé qui entoure le mamelon sur lequel est posé ce village. Une ancienne porte de granit, d'origine khmer, est percée du côté de l'est et donne accès à des ruines, celles d'une chapelle bouddhique sans doute, dont on voit encore quelques sculptures, des colonnes tournées et un joli chapiteau.

Auprès de ce village, un grand étang, sacré aussi, est rempli de tortues, et le diable se venge cruellement, assure-t-on, des profanateurs. Nos gens, ignorant ce détail, mettent la main sur quelques tortues égarées sur le rivage. Aussitôt grand émoi et bruyantes protestations, qui ne nous empêchent pas de déguster le fruit défendu et de le trouver savoureux.

Nos bœufs exténués ne pouvaient plus traîner nos chars ni se traîner eux-mêmes; à Muomg-si-Sahet nul ne consent à nous en louer, et il faut recourir à l'autorité locale. Nous prenons notre costume de cérémonie, mettant nos pantalons dans nos bottes à éperons; nous nous armons de rotins en guise de cravaches, et nous faisons une entrée majestueuse chez le gouverneur.

Dans une maison délabrée, ce vieillard, en misérable langouti, se tient couché sur un matelas non moins sordide; un crachoir est à côté de lui, et quatre pas plus loin sa femme est à genoux en costume similaire; deux chiens dorment près d'elle et des poules se promènent dans la salle. Il faut faire bonne contenance; nous nous installons sur une natte et nous offrons au gouverneur une bouteille de sirop et un flacon d'eau de Cologne. Sa figure s'épanouit; il avait entendu conter merveille de nous et surtout de la selle de mon cheval, qui cependant n'avait rien de curieux; on la lui apporte, et il voudrait bien la garder; mais je fais la sourde oreille, et nos largesses se bornent aux deux flacons.

Le vieux gouverneur se montre très affable, bornant sa conversation à deux monosyllabes : *mên bô* (vraiment); il accueille favorablement notre requête.

« *Mên bô* (oui, vraiment) », dit-il.

Nous lui demandons un écrit prescrivant à ses administrés de nous louer des bœufs.

« *Mên bô,* ah! ils ne veulent pas louer; eh bien, ils vous conduiront gratis. »

Nous protestons contre la voie de réquisition.

« *Mên bô.* »

Et, malgré nous, il signe cette réquisition.

De son côté, sa femme nous envoie du riz et des œufs; le sirop et l'eau de Cologne étaient largement payés, et j'avais sauvé ma selle.

Presque chaque étape renouvelait les difficultés de locomotion. A B. Kong-Khe, nous réclamons le maire : le maire est une mairesse, sœur de notre vieux gouverneur de Si-Sahet, et une rude femme encore. Elle commence par protester qu'elle n'a pas reçu d'ordres du gouverneur, que les bœufs font défaut, etc. Nous élevons la voix, nous montrons notre écrit, nous menaçons; elle craint de s'attirer une mauvaise affaire, mais ne veut pas reconnaître sa mauvaise foi et nous offre de faire traîner nos chars à bras d'hommes. Nous ne connaissions pas encore ce genre de sport, et nous acceptons pour ne pas perdre notre prestige.

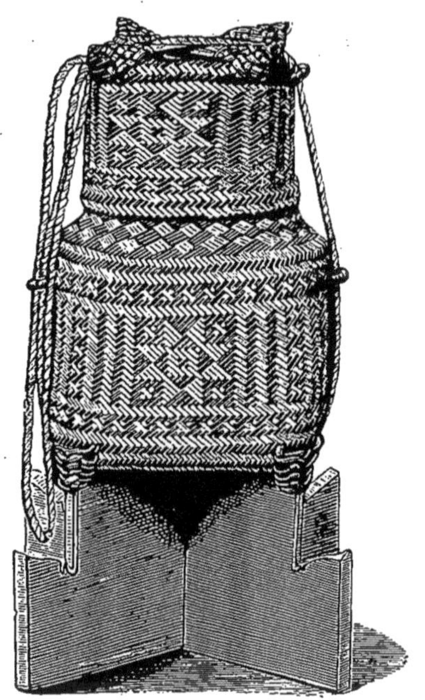

Corbeille à riz des Laotiens.

« En avant ! » criait Mme la mairesse.

« En avant! » répétait sa fille relevant sa courte robe laotienne et les cheveux au vent.

A ce spectacle, un rire irrésistible nous saisit, et nous donnons aux deux femmes des bouteilles vides comme récompense.

Heureusement les ordres du gouverneur nous avaient devancés aux villages de B. Phon-Kuao, de B. Phon-Sac, de B. Dunn; l'effet avait été magique : bœufs et vivres étaient prêts, notre marche fut rapide et nous atteignîmes promptement Tha-lat, situé sur le bord du

Se-Moun, fleuve de Ubon. Nous touchions au terme du voyage, nous avions hâte d'arriver; mais ici nous nous heurtons au refus absolu de nous venir en aide.

Jadis, dans le même lieu, un Européen avait rencontré la même obstination.

« Il n'y a pas un seul bœuf dans le village, » lui disait-on.

« Alors, répliqua-t-il, celui qui paît là-bas n'est pas à vous, c'est un bœuf sauvage. »

Et il l'abattit d'un coup de fusil. Aussitôt les bœufs de surgir comme par enchantement, et l'Européen, reconnu « grand homme », fut traité avec égard et respect.

Ce procédé ne pouvait convenir à notre caractère; et cependant il fallait avancer. Ceux de nos bœufs qui étaient encore à demi valides furent attelés aux chars les plus légers; le maire de Tha-lat fut rendu responsable du reste du convoi laissé en dépôt chez lui, et nous prîmes la route de B. Noo, où on nous fit une réception brillante et où nos chars arrivèrent à onze heures du soir.

A la pointe du jour suivant nous étions en route; nous passons à B. Chan, qui est enfoncé dans les profondeurs de la forêt, puis à l'étang de Kong-Bua, et d'une traite nous atteignons le fleuve Se-Moun (*Se,* fleuve; *Moun,* qui tourne), ainsi nommé parce que son embouchure est remplie de tourbillons.

C'est un beau fleuve, de deux cent cinquante mètres de largeur, dont l'eau limpide et bleue coule lentement sur un lit de sable; pourtant, lors des inondations, elle se trouble et précipite sa course avec violence.

Nous étions à la hauteur de la grande île de Don-Keo,

à l'est d'Ubon; encore quelques centaines de mètres, et nous voici en face du poste chrétien dont le Père distingue les toits. Moi je ne vois rien, mais de confiance je décharge mon fusil, signal convenu; aussitôt quelques personnes apparaissent sur l'autre rive, disparaissent en courant, reviennent plus nombreuses, et plusieurs rameurs, étant montés dans une barque, vinrent nous chercher.

La traversée fut rapide, rapide aussi l'ascension de la colline boisée sur le plateau de laquelle se trouve la mission; tous les chrétiens venus saluer leur cher vieux Père nous y attendaient; la joie brillait sur tous les visages, et à travers les effusions nos cœurs chantaient:

Ecce quam bonum et quam jucundum habitare fratres in unum!

« Qu'il est bon, qu'il est doux à des frères de vivre ensemble! »

Quel beau jour de printemps!

Il fallut songer aux équipages qui attendaient sur le bord du fleuve; le premier bœuf fut traîné à la remorque par une barque, les autres suivirent d'eux-mêmes; les bœufs nagent bien: le courant était faible, ils arrivèrent facilement à l'autre bord; les chevaux aussi passèrent sans encombre, tirés l'un après l'autre par la bride. Restaient les chars.

Au Laos, les barques, creusées dans un tronc d'arbre, sont longues et étroites. On mit un char à cheval sur l'avant de l'une d'elles, les deux roues dans l'eau comme les pieds d'un cavalier; un autre char prit place à l'arrière dans une position analogue; les rameurs ou pagayeurs s'installèrent au milieu et conduisirent à bon port leurs étranges chargements.

Enfin nous pûmes célébrer la sainte messe, dont nous

étions privés depuis Ta-Kin, c'est-à-dire depuis le 20 février.

Nos personnes et surtout nos colis excitaient les curiosités. Tout amusait ces grands enfants ignorants de la civilisation, et ils nous entouraient sans lâcher prise. Nous ne voulions pas étaler devant eux nos ornements sur lesquels ils auraient imprimé leurs doigts de propreté suspecte, et pourtant nous avions hâte de les étendre pour dissiper l'humidité dont ils étaient imprégnés. Un des missionnaires, homme de ressources, s'avança sur la porte, le béret sur la tête, disant :

« On ne déballe pas maintenant; quand le moment sera venu, nous en ferons la proclamation au tribunal de la ville, au son du tambour et du tam-tam chinois; vous pouvez vous retirer jusque-là. »

On le crut; chacun s'en alla sans bruit, et nous pûmes tranquillement vaquer à nos affaires. Quand les visiteurs revinrent le lendemain, le tour était joué et tout en ordre.

VI

UBON — DESCRIPTION DE LA MISSION ET DE LA VILLE ORGANISATION DE LA MISSION

Il est temps de faire connaissance avec la mission et ses bâtiments. Le terrain, assez vaste, occupe un plateau sur lequel sont bâties l'église et la plupart des maisons ; il se prolonge sur le versant de la colline jusqu'au fleuve ; en aval il est borné par un pagode, et en amont par le chemin des pâturages de Don-Keo. Le plateau est au-dessus du niveau des plus hautes inondations. Au delà du chemin de Don-Keo la mission possède encore une partie de la forêt non défrichée.

Je voudrais être poète pour parer notre église de toutes les beautés et des splendeurs qu'elle ne possède pas. En réalité, son achat a coûté, si je me souviens bien, dix-sept ou vingt-neuf *ticaux,* ce qui représente quarante-cinq ou soixante-quinze francs de notre monnaie, change compris. Le premier propriétaire de la maison ayant éprouvé des malheurs, le sorcier la déclara malfaisante. Personne n'aurait osé l'acheter, on la céda avec empressement au missionnaire. Elle était construite à la mode siamoise, c'est-à-dire au moyen de colonnes enfoncées en terre et percées à deux mètres de haut pour recevoir des traverses et établir le plancher. De nouvelles traverses furent ajoutées aux têtes des colonnes; là-dessus on ajouta des poinçons, des chevrons et une couverture en herbes selon la coutume du pays. Notre église avait un plancher, ce qui est une exception au Laos; en effet, l'usage de la scie étant inconnu, on coupe un arbre, on l'abat, on le fend, et on obtient... deux planches, de belle épaisseur il est vrai, mais la quantité serait préférable.

Le plancher était donc formidable, mais il n'en était pas de même pour les murs: des morceaux de bois bruts, très espacés, imitaient les colonnettes d'une galerie; des nattes clouées intérieurement de l'une à l'autre simulèrent la cloison, et un maître d'école, artiste à ses moments perdus, les peignit en noir, en bleu, en jaune, en vert et en rouge, toutes les couleurs du prisme en un mot. L'autel ne valait guère mieux, mais les ornements et le linge étaient propres et bien rangés dans des caisses. Le Dieu du ciel, qui est le Dieu des humbles, des petits, des souffrants, ne dédaignait pas d'habiter ce pauvre sanctuaire.

Faut-il avouer que sous cette chapelle logeaient nos bœufs? Quelque rigide théologien ne criera-t-il pas anathème du fond de sa chaire doctorale? Hélas! nous sommes pauvres; vienne la fortune, et nous élèverons une cathédrale; mais le Dieu des missionnaires n'est-il pas aussi celui de l'étable de Bethléem et de la fuite en Égypte?

La maison des Pères n'avait coûté que neuf ticaux;

elle était, de tous points, conforme à l'église, mais plus petite ; on y ajouta une véranda et une chambrette bâtie en bambous, de sorte que la petite salle à manger était flanquée à chaque extrémité d'une chambre non moins petite, dont les nattes tenaient lieu de murailles ; les chevaux couchaient sous la maison.

La mission avait acheté une troisième case, sans plancher et sans murs ; telle quelle, elle servait de maison d'école aux garçons ; le maître y logeait avec les élèves et les domestiques. Sous cette nouvelle demeure on aménagea une écurie pour les chevaux des amis.

Près de la mission, du côté de la ville, vivaient les esclaves libérés par les Pères pendant les deux années précédentes. Ils s'y étaient bâti de misérables huttes, mais quelques-uns commençaient à élever des maisons de bambous ; c'était un vrai luxe.

Les anciens domestiques siamois, fondateurs de la mission du Laos, ceux qui avaient fait partie de la première expédition, s'étaient établis dans la direction de la forêt.

Allons maintenant visiter la ville d'Ubon. La ville primitive d'Ubon était située à l'emplacement même de la mission ; c'est donc nous qui occupons son berceau. A la suite d'une épidémie de fièvre, les devins déclarèrent que « la terre bouillait en cet endroit », et les habitants furent s'installer à un kilomètre en aval ; c'est pourquoi la mission jouit d'un beau terrain planté d'arbres fruitiers en plein rapport.

Aujourd'hui Ubon est assise sur la rive gauche du Se-Moun ; elle est de médiocre largeur sur quinze cents mètres de longueur ; quelques rues étroites, non pavées, la traversent en se croisant à angle droit. Je ne sais pas exactement le chiffre de la population ; mais on peut, je crois, l'estimer à sept ou huit mille âmes, puisque la ville contient environ cinq cents maisons. Quatre pagodes, construites en briques, indiquent une vraie ville. J'ai ouï dire que dans une de ces pagodes on montrait une empreinte du pied de Bouddha, mais je n'ai pas vérifié le fait. Du reste, ces empreintes sont nombreuses, sinon authentiques, à Siam et au Laos.

Le lendemain, il fallut aller saluer le gouverneur. Sa demeure, placée au centre de la ville, est la plus importante d'Ubon ; on entre par un grand portail dans une cour qui donne accès à la maison, bâtie en briques et possédant un plancher, objet de luxe au Laos.

Le gouverneur, malade et impotent, vêtu d'un langouti de soie blanche, était couché sur un matelas et donnait des ordres à ses juges qui se tenaient dans une pièce en contre-bas. Fils des anciens rois de Tien-Chan, il n'oublie pas son origine ; il fut très aimable pour nous et voulut faire écrire nos noms ; celui du Père Xavier produisit une cacophonie inimitable d'où sortit le mot de « Tsa-oui-ié », et, triomphant, le secrétaire proclama qu'avec sa connaissance des caractères laotiens et siamois, il pouvait écrire correctement toutes les langues du monde.

L'organisation et le développement de la mission furent pour moi le sujet d'une grande édification. L'instruction religieuse est donnée et suivie avec un zèle égal. Deux messes sont célébrées chaque matin ; à dix heures, on fait le catéchisme à tous ceux qui sont libres d'y assister. Les élèves sont divisés en trois catégories, qu'on instruit, l'une à l'église, l'autre dans la maison des Pères, et la troisième dans celle des maîtres d'école. A trois heures de l'après-midi, nouveau catéchisme dans les mêmes conditions ; enfin, à sept heures du soir, catéchisme général dans la maison des Pères.

Les jeudis et dimanches soir, lecture de la *Vie des Saints,* traduite en siamois par Mgr Pallegoix. Ceux qui ne pouvaient rester à un catéchisme assistaient à l'autre, et les voyageurs se remettaient avec empressement à l'étude dès leur retour. J'ai souvent été étonné des

Habitation laotienne.

réponses faites par de jeunes chrétiens ou des catéchumènes.

Au début, personne ne savait épeler ni le siamois ni le laotien; plusieurs connaissent aujourd'hui les caractères européens et peuvent lire le catéchisme imprimé à Bangkok; ces difficultés n'ont pas été vaincues sans un long travail et un grand esprit de suite, qui a triomphé de tous les obstacles. L'instruction des néophytes est très longue, la préparation pour l'admission au baptême dure au moins deux ans. Il est relativement facile d'instruire un catéchumène qui vit dans un milieu déjà chrétien depuis longtemps ; mais lorsqu'il s'agit de transformer un milieu païen en milieu chrétien, de changer les esprits, les préjugés, les superstitions, les usages, pour les soumettre au joug de la croix ; quand il faut infuser l'esprit de justice, régler les mœurs, apaiser les colères, éteindre les vengeances de ces pauvres victimes de la traite des esclaves, que d'obstacles ! Ce changement s'est opéré à Ubon, qui compte de vrais et fidèles chrétiens. « Néophytes, » dira-t-on; soit, mais je pourrais citer des traits empreints d'une foi bien solide.

Chaque famille de néophyte reçoit en arrivant un capital de douze ticaux (trente francs). Si la famille est très nombreuse, ce chiffre est porté quelquefois à quinze ou dix-huit ticaux. Deux ou trois chefs de famille se réunissent, vont acheter du riz avec cette somme, l'apportent à Ubon et le revendent avec un petit bénéfice. C'est leur commerce ordinaire; les anciens serviteurs siamois font souvent le trafic des porcs.

Pour leur venir en aide, un des missionnaires eut l'idée d'acheter une grande barque avec laquelle ils pourraient, dans un seul voyage, apporter une grande quantité de riz. Il en trouva une longue, étroite et surtout bon marché; d'après les idées superstitieuses du pays, elle était diabolique, donc dangereuse. A cause de cela surtout, la barque plut au Père, qui depuis longtemps connaît ces diables et se fait un malin plaisir de les forcer à concourir aux œuvres du bon Dieu. La barque fut donc achetée, et je ne sache pas que jamais personne ait eu à s'en repentir.

Les chrétiens et les catéchumènes aident les prêtres dans leurs travaux ; trop pauvres pour donner une obole, ils rendent quelques services matériels et se montrent pleins de bonne volonté. Cependant, si le travail demandé est long, comme par exemple une course à Bangkok, on leur donne une rétribution. Ils ont été, il est vrai, délivrés de l'esclavage et regardent les missionnaires comme leurs bienfaiteurs ; mais ils sont sans ressources, et, pendant leur absence, qui nourrirait leurs femmes et leurs enfants ? Cette charge serait beaucoup plus lourde pour la mission que l'indemnité allouée pour chaque voyage. Voilà comment se grève notre budget, et c'est pourquoi la mission mère de Bangkok se plaint de la gourmandise de sa fille, qui ne se contente plus de bouillie et dévore les ticaux à belles dents.

VII

DÉPART POUR AMNAT — UN PAYS SALÉ NOTRE GUIDE NOUS PERD

En 1882, sur l'instante prière de deux Laotiens venus du Mé-Kong, le Père Prodhomme s'était acheminé vers leur pays pour y fonder une chrétienté. Dieu en avait décidé autrement. La fièvre, aggravée de décomposition du sang, arrêta l'apôtre à B. Phon-Tong, le ramena à Ubon, et le voyage fut ajourné. Presque au lendemain de notre arrivée ce projet fut repris; mais un événement se produisit qui aurait pu avoir de fâcheuses conséquences pour la mission, et qui par la grâce de Dieu tourna à son avantage. Un grand mandarin siamois, Pha-ja-si, envoyé royal, parcourait le Laos; il était attendu à Ubon, où un de ses subalternes l'avait précédé, tranchant de haut et faisant tout trembler devant lui. Or un de nos domestiques étant allé au marché fut attaqué et maltraité par ceux de cet homme; l'affaire s'échauffa, et, après quelques coups de poings échangés, nos gens, emmenés et mis aux fers chez le Siamois, furent menacés d'être conduits à Bassaï et livrés au

Pha-ja-si. C'était la perspective d'une longue détention, de mauvais traitements et peut-être de l'esclavage. Nous allâmes alors en personne trouver l'émissaire et lui demander de faire juger le différend par les magistrats d'Ubon. Il refusa et maintint avec violence ses prétentions. Le procès paraissant inévitable, nous fîmes séance tenante rédiger le procès-verbal et intenter l'action ; nous étions dans notre droit. Le procès-verbal fut donc rédigé et scellé; mais, lorsqu'il s'agit de le signifier à l'envoyé, celui-ci avait disparu; puis nos gens furent élargis, et quelques jours après nous reçûmes une lettre d'excuses du bonhomme, qui avait été désavoué et gourmandé par le Pha-ja-si.

Cette affaire terminée, on me proposa d'accompagner un des Pères à Amnat, d'où je ramènerais un char de riz. Au point du jour, et la sainte messe célébrée, nous voilà en route, et, le petit bois d'Ubon franchi, nous débouchons dans une plaine à demi cultivée. La couche de terre végétale est mince et maigre, tout le pays est salé; cela semble bizarre, mais c'est exact. Pour obtenir le sel dont ils ont besoin, les habitants creusent un tronc d'arbre en forme d'auge, le placent sur des piquets en plein soleil, le remplissent de terre et d'eau, lavent la terre et laissent l'eau s'évaporer. Dans l'auge reste une épaisse croûte de sel qui s'emploie pour les usages domestiques et l'exportation dans les contrées voisines.

Un des ruisseaux du Laos est salé comme la mer. Nous fûmes, un jour, surpris par un orage violent qui détrempa la plaine ; le lendemain, le soleil ayant séché le terrain, il nous apparut couvert de grandes taches blanches qu'on eût prises pour de la neige ; c'était le sel dissous par la pluie et séché par la chaleur du jour.

Quel bouleversement géologique a produit ce phénomène ? Je l'ignore et me borne à le signaler. Comme aussi le nom de *Sala Malié* porté par un puits où se fit notre première halte ; nom païen dont l'étymologie de résonance chrétienne m'a fort intrigué.

Une caravane venant d'Amnat nous croisa au second jour de marche; elle était dirigée par Chek-Nao, Chinois affectionné à la mission. Il est de petite taille, avec des cheveux noirs et une figure énergique sur laquelle l'âge n'a pas encore eu prise. Ses traits respiraient la paix et la satisfaction; son scapulaire et son chapelet étaient passés à son cou, et il se rendait à Ubon pour voir le Père Prodhomme. Il s'arrêta un moment auprès de nous, puis chacun reprit sa direction.

Mon guide n'a pas le don de l'orientation, et nous fîmes fausse route. Il s'aperçut à temps de sa méprise, et, tout chemin menant à Rome, nous rejoignîmes bientôt celui de B. Nong-lak, et, pendant que nos montures reprenaient haleine, nous restâmes étendus sur une verte pelouse à l'ombre d'un grand arbre, et regardant des enfants s'ébattre dans un vaste étang.

Après avoir traversé le Se-Bo, affluent du Se-Moun, nous débouchons dans l'immense plaine d'Amnat. Cette petite ville dépend, au point de vue politique, de Marem-Khemarat, qui est situé sur les bords du Mé-Kong. Amnat forme un charmant îlot de verdure au milieu de la plaine; mais elle n'offre rien de remarquable, sauf, à l'entrée de la ville, une pagode fondée par notre Chinois d'hier, le Chek-Nao ; il la construisit peu de temps avant sa conversion, et aujourd'hui elle est l'objet de ses regrets et de ses remords.

La maison de ce néophyte, l'un des principaux personnages du lieu, est située à l'entrée de la ville; nous nous y arrêtons et laissons nos chevaux dans son jardinet. Sa maison est bâtie selon la méthode chinoise ; c'est moins élémentaire que les colonnes des maisons siamoises. D'énormes cubes d'argile séchés au soleil forment les murs ; des auvents en herbes préservent les murs de la pluie et constituent des vérandas, sous lesquelles nous nous installons, car l'intérieur ressemble à une cave dont l'air est vicié, surtout pendant la saison chaude.

Une table était organisée sous la véranda pour célébrer la sainte messe ; une autre table, plus vaste, servait de table à manger pendant le jour, de lit pendant la nuit... C'était aussi la chaire à prêcher du missionnaire, et tous les soirs à huit heures il y grimpait pour faire le catéchisme ; moi aussi j'y grimpais; mais, comme c'était la table à dormir, je lui donnais parfois une réplique qui sortait de son programme.

Un Chinois chrétien vint nous voir aussitôt après notre arrivée ; il se nomme Chek-Maï, et ce fut lui qui servit de trait d'union entre les missionnaires et le Chek-Nao.

On désirait vivement la visite du Père à B. Nong-Khien ; il fut décidé que nous irions.

Un des fils de Chek-Nao voulut nous accompagner et prit des serviteurs avec lui ; nous étions sept cavaliers composant une imposante chevauchée. Le village de B. Nong-Khien est situé au nord-ouest d'Amnat ; on prit la direction du sud-ouest.

Nous avions laissé maints villages derrière nous, et la route paraissait longue, même au Père, qui seul la connaissait, du moins il le disait. Enfin, après avoir franchi une agréable colline et longé un ruisseau limpide, nous demandons notre chemin. On nous indique un village bâti sur une éminence.

« Je ne le croyais pas si haut perché, » dit le Père.

Il nous y mène pourtant et s'informe du logis de son homme.

« Inconnu, lui répond-on.

— Comment ? inconnu ! riposte le missionnaire. Mais je le connais, c'est un Cambodgien.

— Il n'y en a pas un seul dans le village.

— Qu'on requière le maire, il me trouvera mon Cambodgien. »

Le maire est absent ; on interpelle un autre individu, même réponse: pas de Cambodgien dans le village. La position devenait ridicule.

« Me serais-je trompé? Ne serions-nous pas au B. Nong-Khien ?

— Mais non, vous êtes au B. Non-Khën.

— Et où est le B. Nong-Khien ?

— Oh! bien loin là-bas, dans le nord.

— Je disais bien, gémit le Père Xavier, qu'il fallait prendre au nord. »

C'était vrai en théorie ; mais en pratique...

« Après tout, vive la joie quand même, reprend le Père. Mais mon estomac crie famine ; peux-tu nous donner à manger ?

— Oh! à cette heure absolumennt rien.

— Une poule ?

— Impossible. »

A force de négociations, nous obtenons du riz froid et gluant, du piment, du poisson et... une poule vivante ! Lui tordre le cou, la plumer, l'embrocher au moyen d'un bâton pointu fut l'affaire d'un instant, on la présenta devant un feu improvisé, et je n'oserais garantir qu'elle fût cuite à point quand chacun tira prestement son morceau. Sans couteau ni fourchette nous en eûmes vite raison, et un verre d'eau claire arrosa ce repas succulent.

La promenade avait été charmante, nous avions fait connaissance avec deux ou trois nouveaux villages. Le retour fut joyeux ; à la chute du jour, nous rentrions à Amnat, et à huit heures le Père reprenait pied sur la table à prêcher.

Dès le lendemain, il rentrait dans sa régularité de vie et ses habitudes. Aux heures marquées par son règlement, il allait à la pagode voisine, — je dis bien, à la pagode, — pour y réciter son bréviaire en se promenant autour du *bôt* (sanctuaire bouddhique). Je lui demandai un jour la signification de ce choix étrange.

« Ne voyez-vous pas, me répondit-il, que cette pagode est dans une position magnifique? l'emplacement serait splendide pour une église chrétienne.

— D'accord, lui dis-je; mais le roi de Siam ne vous donnera ni ne vous vendra pas une pagode habitée par des talapoins.

— Comptez-vous le bon Dieu pour rien ? »

Et il continua son bréviaire, rêvant, dans sa foi ardente, le miracle de Jéricho.

Le chargement de riz était prêt, et je partis.

VIII

A LA RECHERCHE DE CHRÉTIENS TONKINOIS — UN JUGE « HONNÊTE » — ORCHIDÉES

A mon retour à Ubon, je trouvai le Père Prodhomme prêt à partir pour le Mé-Kong, et résolu à faire ce voyage seul avec un maître d'école. Je m'en effrayai et lui demandai de l'accompagner; il refusa d'abord, craignant pour moi les fièvres des bois; j'insistai, et il fut convenu que pendant la messe nous prierions le Dieu de l'Eucharistie de nous inspirer la résolution à prendre.

Il fut décidé que nous partirions ensemble, laissant à Ubon un missionnaire chargé du soin des chrétiens, de celui de deux jardinets, où il cultivait des piments avec sollicitude, et de l'aménagement d'une nouvelle maison, aussi réputée diabolique, et destinée à servir de cuisine, de magasin de vivres et d'école pour les filles. Sous cette maison étaient installés le moulin à riz et la basse-cour. La direction de l'école était confiée, sans titres ni prérogatives, à trois jeunes orphelines, bonnes chrétiennes et esclaves délivrées.

Nous quittâmes Ubon, et, sans nous tromper cette fois, nous atteignîmes Amnat. Le Père était absent : les habitants de B. Nong-Mak-Jang, l'un des villages que nous avions traversés précédemment, l'avaient appelé, lui avaient offert de le loger, et, toujours zélé, il était parti sur cette assurance. Ne recevant ni le gîte promis ni l'assistance annoncée, il avait acheté un petit réduit, où il s'était installé avec deux enfants, manquant de tout, même de riz, et réduit à vivre de poisson gâté, renouvelant ainsi ses pénitences d'Ubon, où il soupait la nuit pour ne pas voir ce qu'il mangeait. Parfois le Chek-Nao avait pitié de lui et lui envoyait un quartier de porc ou des poules; mais le plus souvent on jeûnait au presbytère, ce qui n'altérait en rien la gaieté du curé. Son apostolat portait peu de fruits, et il vint nous retrouver à Amnat. Les chars qui nous avaient amenés d'Ubon devaient y retourner; il fallait donc en trouver d'autres à louer pour continuer le voyage, et c'était une grosse affaire. Le juge Muung-Sen fut prié de la régler, et on lui remit devant témoins le prix fixé pour quatre chars.

Quand nous partîmes, la caravane se composait de deux missionnaires, des maîtres d'école Thang et Tan, et de quelques gens de service. Thang est un Annamite de Bangkok, très intelligent et ayant fait ses études au collège de Poulo-Pinang. Revenu au Siam depuis quelques années, il a été associé au premier voyage des missionnaires au Laos. Il parle également bien l'annamite, le siamois, le laotien et même le latin, dans lequel il s'exprime couramment; se faisant aimer et respecter, il peut nous être fort utile.

Tan est un Annamite de Chantaboun; il connaît aussi les trois langues et le latin. Il a un talent particulier pour toute espèce de travaux manuels; il a rendu et rendra encore au Laos d'importants services. Lui doit nous accompagner seulement jusqu'au grand fleuve, d'où il ramènera le convoi à Amnat. Les domestiques sont, les uns des serviteurs siamois, les autres d'anciens esclaves délivrés par les Pères. Nous sommes sûrs de ce côté d'un dévouement parfait, et nous poursuivons notre route jusqu'à B. Nam, où nous sommes logés dans la pagode.

Le lendemain, en route dès l'aube; le chemin manque brusquement, et les guides déclarent ne pas comprendre pourquoi nous avons pris cette direction; nous répondons qu'elle nous a été donnée par le juge d'Amnat; ils baissent la tête et semblent comprendre; nous soupçonnons une anguille sous roche, mais sans la deviner; enfin nous arrivons à B. Si-To, puis à B. Phon-Phing. La course du jour suivant promettait d'être longue et se faisait en pays fiévreux; aussi une dose préventive de quinine fut imposée à tous.

Le pays est ondulé et fort beau. Les collines forment la ligne de partage des eaux du Se-Moun et du Mé-Kong. Nous trouvons bon accueil à Khum; mais là aussi on s'étonne de nous voir arriver par un chemin rude et difficile, tandis qu'il en existe un venant directement d'Amnat à B. Khum.

Ce village est habité par des chasseurs d'éléphants, et les hommes sont en expédition sur la rive gauche du Mé-Kong. L'éléphant apprivoisé se prête volontiers à la chasse de ses congénères. Monté par un cornac, il les poursuit et s'efforce de les entraîner de gré ou de force avec lui, car il faut les prendre vivants. Les éléphants sauvages agissent de même en sens contraire; c'est donc une lutte de force et d'adresse entre les deux rivaux. Chaque année on en capture quelques-uns, presque toujours des jeunes. On les élève, on les dresse et on les vend à un prix élevé.

Nous sommes en vrai pays sauvage; cette nuit le tigre a enlevé un bœuf dans notre voisinage, pas un des nôtres heureusement. Dans le lointain nous apercevons des sommets élevés, et bientôt nous sommes à Phon-Thong; nous y trouvons un accueil cordial qui témoigne du bon souvenir laissé par les missionnaires; on apporte du riz, des poules, et même on tue un porc en notre honneur.

Un jour de repos, et nous continuons notre voyage.

Le pays se fait magnifique, les collines alternent avec les forêts profondes aux arbres immenses; nous gravissons des rochers, puis nous descendons dans un défilé bordé par une rampe à pic; l'ombrage y est tellement épais qu'à midi on aurait peine à lire et qu'on éprouve une sueur froide qui fait étrangement souffrir.

« Si j'avais soupçonné ce qu'est le pays, me dit le Père, vous ne seriez pas venu. »

Heureusement nous débouchons bientôt dans une oasis où nous retrouvons le chaud soleil, et à la chute du jour nous arrivons au B. Klam-Luce. Nous y pénétrons, laissant les chars dans un sala (hangar public servant d'asile aux voyageurs).

Cependant un de nos esclaves délivrés, nommé Khum, paraissait soucieux.

« Je connais ce village, me dit-il, j'y suis venu; c'est ici que les Birmans ont vendu ma sœur lorsqu'ils m'entraînaient à Ubon. »

Et le voilà à la recherche de sa sœur. Il nous l'amena

en effet, mais sa maîtresse la poursuivait. Nous priâmes le maire d'arranger l'affaire. Cette femme nous abandonnait volontiers l'esclave, mais réclamait le prix d'achat

Temple laotien.

et ne comprenait pas que nous nous refusions à cette transaction.

« Ce trafic est interdit par les lois siamoises, disions-nous au maire.

— C'est vrai, répondit-il, mais il est dans les usages.

— Abus ne fait pas droit, répliquions-nous; le roi de Siam a édicté sur ce point des lois très sévères, puisqu'il condamne à mort les contrevenants : sommes-nous sur territoire siamois? »

A bout d'arguments, le maire déclara à la vieille que sa cause était mauvaise, qu'il ne pouvait rien pour elle, et la jeune fille fut déclarée libre.

Khum donna à sa sœur une belle ceinture rouge, quelques colifichets, et l'emmena avec lui.

Notre chemin impratiqué, sinon impraticable, semblait abandonné depuis longtemps. Un de nos conducteurs nous dit :

« Le juge d'Amnat voyage souvent dans ces parages comme simple marchand; il fait le commerce d'un bois appelé *si-sìet;* il a ses raisons pour ne pas suivre le chemin ordinaire; or, son autorité ne s'étendant pas au delà d'Amnat, il n'a pu faire aplanir cette route, mais il vous l'a fait prendre au moyen d'une réquisition forcée. »

C'était le mot de l'énigme, mais, une découverte en amenant une autre, nous restions ahuris de ce mot de réquisition. Le Père lui demanda comment il avait accepté le prix de location fixé qui, raisonnable pour le voyage ordinaire, devenait insuffisant eu égard au détour et à leur peine. Ce fut le tour des guides d'ouvrir de grands yeux.

« De quel prix parlez-vous? dirent-ils; nous vous conduisons par ordre de Muang-sen à titre de réquisition; nous n'avons rien reçu.

— Comment! et l'argent versé, devant témoins, au juge dans la maison du Chek-Nao? »

Ils n'en avaient jamais entendu parler! Telle est l'honnêteté au pays de Siam. Nous fîmes quelques largesses à nos charretiers, et ils s'en montrèrent aussi reconnaissants que surpris.

A B. Nong-Lom, petit village pauvre et perdu dans la forêt, j'entendis parler pour la première fois d'une boisson fermentée très estimée par les indigènes. Pour l'obtenir, ils remplissent une cuve de riz, de balle de riz et d'eau; quand la fermentation se produit, chacun s'arme d'un bambou taillé en tuyau et aspire la liqueur, renouvelant l'eau jusqu'à complet épuisement d'alcool; ce breuvage, moins fort que l'arac distillé par les Siamois et les Laotiens, peut être absorbé en grande quantité sans inconvénients.

Par une pluie battante nous arrivons chez le maire de B. Phong-Thong, grand ami des missionnaires, qui nous loge splendidement, et le lendemain au milieu de frais petits vallons nous trouvons pour la première fois des orchidées. Elles sont d'une beauté extraordinaire sur la rive droite du Mé-Kong. Je ne hasarderai pas une description savante de ces fleurs, mais je n'ai pas souvenance d'en avoir aperçu nulle autre part d'aussi splendides avec des nuances aussi délicates et harmonieuses. Des tulipes sauvages y mêlent leurs couleurs vives.

Enfin nous atteignons B. Hua-Don-Ram, village situé à six cents mètres à l'ouest du Mé-Nam-Kong, et nous nous hâtons de courir jusqu'au célèbre fleuve.

IX

PIROGUES LAOTIENNES — MERVEILLEUX SPECTACLE DU MÉ-KONG — PÈLERINAGE BOUDDHIQUE

Nous éprouvons d'abord une désillusion complète en face d'un bras du fleuve coulant lentement et prosaïquement; nous étions, il est vrai, en face d'une île dont la pointe couverte de palmiers s'avançait à cent mètres au-dessus de nous; elle s'appelle Don-Tan (île des Palmiers), et donne son nom à un village, B. Hua-Don-Tan (village à la tête de l'île des Palmiers).

Le maire nous reçut avec une amabilité suspecte. En effet, les chars avaient été conduits au bord du fleuve; nous avions demandé des barques, et nous pensions les attendre deux jours; mais elles se trouvèrent prêtes comme par enchantement, et nous fûmes invités à nous embarquer dès ce même soir. On craignait sans doute les réquisitions de vivres.

Nos colis furent arrimés tant bien que mal dans deux lamentables petits esquifs, et nous prîmes congé de Than et de notre convoi, qui prit un chargement de bois et repartit pour Ubon, tandis que nous nous lancions sur le Mé-Kong.

Si les chars des Laotiens sont des instruments de supplice, leurs barques, vraies pirogues de sauvages, ne valent guère mieux. Pour les construire, un arbre de belle taille est choisi dans la forêt, abattu, creusé sur place, traîné dans un bas-fond à portée de la crue du fleuve et placé sur des traverses soutenues par des pieux plantés dans le sable; l'inondation immerge le tronc d'arbre, et l'eau en se retirant le laisse suspendu à une petite hauteur au-dessus du sol. On fait du feu sous cet embryon de bateau, on introduit d'un bord à l'autre une barre qui les maintient écartés, on en ajoute successivement plusieurs autres de longueur graduée en activant le feu dont l'ardeur empêche le bois de se fendre, ce qui lui ôterait beaucoup de sa valeur; si pourtant l'accident se produit, on y remédie par des crampons de fer. La pirogue se façonne ainsi peu à peu. L'avant reste plein et aplati; l'arrière, plein aussi, est un peu relevé pour permettre à celui qui tient le gouvernail de voir par-dessus la cabine. Quand l'évasement voulu est obtenu, on enfonce des barres de bois entre les bords, dans des mortaises pratiquées à cet effet, et désormais la barque ne peut plus se refermer. Au Siam, on se sert de cordes dont la traction régulière préserve des fissures dans le bois.

Le corps de la barque étant prêt, il s'agit de l'habiller; rien sous la quille, rien sur le bordage; les barres précédemment mises servent de bancs; pour préserver les voyageurs et les marchandises, on organise des cabines au moyen de bambous fendus, courbés en cercles et attachés aux barres. Sur cette charpente sommaire on étend un tissu, si je puis m'exprimer ainsi, formé de deux claies entre lesquelles de larges feuilles d'arbres sont renfermées et comprimées; ces claies, de trois mètres de long sur deux de large, sont imperméables.

L'avant reste libre; on y installe un tillac fait aussi avec des bambous fendus et aplatis sur les barres. C'est là que manœuvrent les perches poussées de l'avant jusqu'à la cabine. La pointe extrême de l'arrière est réservée au pilote, qui, en guise de gouvernail, se sert d'une simple rame très courte, très large et munie à sa partie supérieure d'une poignée faisant angle droit; un cercle de rotin maintient ce gouvernail primitif mais puissant.

Au début, le Mé-Kong nous parut assez maussade, mais bientôt il inclina vers l'ouest, et un tableau merveilleux se déroula sous nos yeux. Le fleuve se développait à perte de vue; une forêt splendide l'encadrait à droite et à gauche, et devant nous la montagne appelée Phu-Ma-Na se dressait haute et fière à l'horizon. Le Mé-Kong était réhabilité et digne de sa réputation.

Ce spectacle fut de courte durée, comme tout ce qui paraît beau en ce monde, et nous le perdîmes de vue en nous engageant dans le canal qui sépare le Don-Bang de la rive droite du fleuve.

Au B. Nong-Lom, situé à la pointe supérieure de l'île de ce nom, il nous fallut changer de barque, translation qui se renouvelle à chaque village : tel est l'usage laotien. Tous les voyageurs gémissent de cette habitude, cause de tant de fatigues et de retards. Pour un Laotien, qu'importe le retard? le temps n'est pas de l'argent, pas même du cuivre.

Heureusement pour nous, de grandes barques du gouvernement de Muang-Muh se trouvaient là, et on nous les prépara. Elles étaient venues pour chercher les habitants de B. Nong-Lom qui voulaient émigrer à Muang-Muh, sous prétexte d'acheter du riz, mais en réalité, nous l'apprîmes plus tard, par peur du choléra qui ravageait le cours du Mé-Kong.

Aussitôt qu'une épidémie a fait quelques victimes dans un village, tout le monde l'abandonne, fuit dans la forêt ou se réfugie dans un centre épargné par le fléau.

Le lendemain nous arrivons au chef-lieu assez important de Muang-Mukadaham (province des Pierres fines). Le Muang-Sen vint nous recevoir et promit de nous faire partir promptement en nous laissant les mêmes barques jusqu'à Muang-Maï. Pendant ce temps, Khum et Thaï, allant à la provende dans la ville, rencontrèrent douze des leurs, une mère et ses onze fils, qui y étaient réduits à l'esclavage. Ces pauvres gens sollicitaient la permission de nous suivre, et nous étions émus de leur sort; mais, sans barques et voyageant dans celles du gouvernement, que pouvions-nous, sauf leur faire conseiller secrètement de s'enfuir à Ubon, où le missionnaire appuierait leur cause si elle était juste, et obtiendrait un jugement du gouverneur en leur faveur? Nous eûmes alors l'explication de l'empressement de Muang à faciliter notre départ. Il voulait nous cacher le trafic auquel lui, président du tribunal, se livrait.

Au moment où nous appareillions pour partir, un vent violent s'éleva, le Mé-Kong gonfla ses flots; il eût été imprudent de s'aventurer sur le fleuve avec des esquifs si frêles, et nous attendîmes la fin de la tourmente.

A Muang-Paluka, il fallut encore changer de barque.

A travers les rapides du Mékong.

Non loin de là se trouve un village nommé B. Sanot, dont les habitants sont spécialement voués au service de la pagode Phanom. Nos pilotes furent choisis parmi eux, et ils eurent une rude journée de travail pour diriger nos esquifs à travers les rapides Tabao et Rapnang.

Un dédale d'îlots couvre le fleuve, qui paraît sans issue; l'eau court avec violence dans les canaux semés de récifs qui séparent ces îles, et mentalement on recommande son âme à Dieu; pourtant nos hardis pagayeurs n'hésitent pas sur la direction à suivre, tantôt nous faisant longer la rive, plus loin traversant le fleuve, ici contournant un îlot, là se lançant entre deux rochers aigus. Le milieu du Mé-Kong est libre et semble offrir une route facile; mais, à cause de sa profondeur même, les pirogues ne s'y peuvent risquer.

La chaleur, qui dans la journée, au soleil, atteignait 61 degrés, ajoutait à la fatigue du travail, qui se prolongea jusqu'au soir, sans autre incident que la rencontre de cadavres flottant au fil de l'eau. C'étaient ceux des cholériques de Non-Kon. Dans la terreur inspirée par le fléau, on jette en hâte les corps des victimes dans le fleuve, qui transporte ainsi le germe morbide dans les provinces qu'il traverse, semant le deuil et la désolation tout le long de son cours.

A Nam-Kham et Muang-Panom, nous eûmes encore à subir les ennuis des transbordements; afin d'y échapper à l'avenir, nous achetons, pour treize ticaux, une pirogue longue, étroite, fendue, d'assez triste aspect, mais qui sera nôtre pour tout le voyage, et nous nous y installons joyeusement, faisant sauter par-dessus le bord son fétiche, minuscule statue de Bouddha, cachée avec une poignée de crins dans un fragment de bambou.

Pour atténuer le roulis, nous faisons attacher deux ou trois bambous sur chaque bord; agissant comme flotteurs, ils empêchaient la barque de rouler, et, brisant le flot, ils le faisaient retomber sur lui-même loin de l'embarcation.

Près de la jonction du Bang-Taï, tributaire du Mé-Kong, est placé le célèbre pèlerinage bouddhique de Muang-Panom; une route pavée en briques conduit à la pagode, qui, en temps ordinaire, donne asile à d'innombrables générations de chauves-souris. Une colossale statue assise de Bouddha occupe le sanctuaire chargé de sculptures, comme le sont aussi les panneaux dorés des portes et fenêtres; ces sculptures représentent des jeunes gens debout et les pieds réunis à la façon religieuse des Siamois. Dans la même enceinte on voit un mausolée en pyramide à quatre pans décorés également à la siamoise. Nous trouvons pour finir trente ou quarante figurines de Bouddha toutes mouillées; je m'informe : la sécheresse est grande, on aspire à la pluie et l'on arrose les petits dieux dans l'espoir que, reconnaissants du procédé, ils le rendront avec usure à leurs dévots.

D'autres provinces au contraire exposent leurs dieux au soleil ardent, dans la pensée qu'incommodés par ses rayons ils appelleront la pluie qui rafraîchira eux et leurs voisins. Procédés différents pour atteindre un même but.

X

NOUS TROUVONS NOS CHRÉTIENS A LAKBON. — LES MAUVAIS GÉNIES DE LA MONTAGNE

Nous croisions en voguant de grandes barques chargées de pauvres esclaves enlevés par les Birmans dans les forêts du Nord; un homme armé d'un fusil est placé à l'arrière et à l'avant de chaque bateau pour réprimer toute tentative d'évasion ou de révolte.

Nous vîmes les montagnes de Phuley-faï, qui ressemblent à une matière en fusion subitement solidifiée: des rochers tourmentés s'élèvent en cônes, en pyramides, en figures de toute espèce et de toute hauteur, ne se reliant pas entre eux, jetés au hasard, dans les positions les plus étranges et défiant toute description.

Le 11 mai nous atteignions Nuang-Lakbon, but de notre voyage, et nous amarrions notre barque au pied du tribunal. Nous savions qu'une colonie d'Annamites y était établie, et nous avions de sérieux motifs de croire qu'ils étaient chrétiens. C'était à cause d'eux surtout que notre évêque avait décidé l'exploration du

Mé-Kong. Mais comment les découvrir? Notre embarras était grand. Dans l'espoir de saisir quelque indice, nous écoutions la conversation des juges, qui, trompés par notre aspect européen, ne se défiaient pas de nous et ne soupçonnaient guère le Père de les comprendre. Aussi furent-ils grandement étonnés de s'entendre répéter par lui, en laotien et en siamois, les réflexions qu'ils avaient échangées sur notre compte.

Pendant ce temps, notre maître d'école s'était mis en campagne, et, du plus loin qu'il nous aperçut, il nous cria en latin :

« Vite, vite, venez! voici les Tonkinois, et ils sont chrétiens! »

Et il nous conduisit dans le petit village qui est comme un faubourg de la ville.

Nos cœurs battaient bien fort en gravissant l'échelle qui donnait accès dans la première des maisons. Un homme d'une cinquantaine d'années nous y accueille; il est court, trapu, avec une figure énergique, et porte les cheveux longs et noués à la mode annamite. Il nous dit être le chef et commandant du clan, nous présente sa femme, et tous deux témoignent savoir la doctrine et se rappeler quelques prières. Ils sont venus de la province de Nghe-An, fuyant la persécution du Tonkin, qui a mis plusieurs de leurs parents au nombre des martyrs. Ils étaient nombreux à leur arrivée; mais la mort les a fauchés sans relâche, et bien peu survivent encore. Nos hôtes sont établis à Lakbon depuis vingt-neuf ans, et depuis vingt-neuf ans ils n'ont pas reçu la visite du prêtre.

Notre premier but était atteint. Après avoir réconforté et encouragé nos chrétiens, leur avoir promis de revenir dans quelques mois, nous descendîmes vers notre barque. Ils nous avaient suivis ; les juges, envieux et rusés, les nommèrent gardiens de nuit, les rendant responsables des vols dont nous pourrions être victimes. Nous en profitâmes pour continuer notre enquête, et le petit chef chrétien nous avoua être dans une demi-captivité chez les Laotiens, qui le retenaient et s'opposaient à ce qu'il revînt dans son pays, situé à une quinzaine de jours de marche.

Le lendemain, nous prenons congé des autorités, et nous tournons la poupe de notre esquif vers Nong-Khat, terme de notre voyage.

Un peu au-dessus de Lakbon, le Mé-Kong entoure de ses flots la grande île de Don-Don. Lors de ce voyage elle était couverte d'arbres et servait de repaire, assurait-on, aux mauvais génies et aux bisons ; elle est devenue le royaume du bon Dieu, qui y a une jolie église ; le diable a pris peur sans doute et renoncé à son ancien domaine, où les néophytes se multiplient.

Les Laotiens de ces parages s'adonnent à la culture de l'indigo ; ils le plantent sur les falaises, le cueillent à sa maturité et le font tremper pendant quelque temps dans des auges remplies d'eau. Lorsque la plante est à point, on l'écrase avec un pilon, on retire les filaments, et on confie au soleil le soin de l'évaporation ; le résidu compose l'indigo tel qu'il se vend aux marchands du Nong-Kaï. La chaux est aussi une branche d'industrie; trouvée dans le fleuve Hin-bim, cuite dans de petits fours construits sur la rive, elle sert à bâtir les pagodes et à préparer le bétel à chiquer.

Le Mé-Kong n'est guère habité que par une espèce de poissons nommés *pla-bûh*, qui se tiennent de préférence dans les rapides et atteignent une taille énorme : un homme robuste suffit à peine à porter un de ces poissons ; l'un d'eux, mordant un soir à l'hameçon de notre catéchiste, l'entraîna au fond de l'eau aussi facilement que s'il eût été un enfant.

Notre retour s'effectue sans incidents, mais sans que nos pilotes, pressés de rentrer dans leurs pénates, nous concèdent la moindre halte, pas même le jour de la Pentecôte. Cette fête précisément nous met en présence d'une des nombreuses empreintes du pied de Bouddha ; celle-ci, placée dans le voisinage de B. Hom, mesure deux mètres de long ; elle est gravée sur un rocher du fleuve, assez resserré en cet endroit. Avec beaucoup d'imagination et de bonne volonté, on distingue tant bien que mal la forme d'un pied, dont cinq petites excavations creusées par l'eau simulent les doigts ; çà et là sont quelques dorures, et au milieu de la plante du pied se trouve une mosaïque en verres de couleurs de dix centimètres de diamètre. Le rocher vénéré disparaît complètement lors de la crue du fleuve, et chaque année les pèlerins y accourent nombreux.

Nous voici à Muang-Uthen, ville importante de la rive droite du Mé-Kong ; les Annamites y ont fondé une colonie et y trafiquent avec le Tonkin, qu'ils atteignent en remontant le fleuve Hin-ben, traversant à dos d'éléphant les monts Phu-lang et descendant jusqu'à la mer sur un des cours d'eau qui arrosent l'autre versant de cette chaîne de montagnes. Leur clan compte une quinzaine d'habitants ; pas un d'eux n'est chrétien ; ils nous reçoivent cordialement, mais sans nous donner le moindre espoir de conversion. Et nous continuons notre course, qui, en quelques heures, nous conduit à Muang-

Saniaburi (ville de la victoire), située au confluent du Se-Song-Khram, où se construisent les meilleures barques, commerce lucratif pour les riverains du fleuve.

Malgré son nom pompeux, cette ville n'est qu'un gros village, et la traite des esclaves s'y pratique effrontément sous les yeux du gouverneur. Quand nous passons, trois femmes et deux enfants sont exposés demi-nus sous un hangar près de la pagode, attendant les acquéreurs. Nous fuyons ce spectacle attristant avec d'autant plus d'empressement que nous touchons à l'époque de l'inondation; déjà les eaux rougies en sont le présage. Un arbre assez gros, déposé sur les fortes branches des arbres voisins, à sept ou huit mètres au-dessus de nos têtes et laissé là par l'inondation précédente, nous montre le niveau atteint par ces crues périodiques.

Tout en voguant, nous voyons fuir tour à tour les montagnes de Phu-ngù, dont les rochers forment des îlots en se prolongeant dans le fleuve; le village de B. Nakhé et un vaste banc de sable où les Birmans parquent leurs esclaves tandis qu'ils vont se ravitailler, car ces malheureux montagnards ne sachant pas nager n'oseraient essayer de traverser le fleuve pour s'évader.

Nous nous arrêtons à la jonction du Nam-Kadding, qui à sa source s'appelle Nam-Muen, se perd sous terre et reparaît plus loin, prenant le nom qu'il porte jusqu'à sa réunion avec le Mé-Kong. Un banc de sable s'est formé à ce point; nous y prenons pied et tirons quelques-uns des paons qui y pullulent, malgré les supplications de nos pilotes, alarmés de l'effet que les coups de fusil produiront sur les diables attachés à ce confluent et fort méchants, paraît-il. Malgré l'heure avancée, nos pagayeurs traînent au loin la pirogue dans la crainte de la vengeance des divinités diaboliques.

Le Nam-Kadding s'est ouvert un passage à travers le mont Phu-ngu en le coupant presque verticalement. Une seconde montagne apparaît au fond de cette échancrure, et il en résulte une curieuse répercussion de sons : la voix trouve sur la montagne voisine un premier écho deux fois répété, puis un assez long silence se fait; la voix revient formidablement grossie et se perd progressivement, renvoyée de colline en colline.

La trouée du Phu-ngu rend la navigation dangereuse en frayant un passage au vent du nord, qui s'y engouffre avec une telle violence que mainte barque est renversée en plein fleuve, accident que la superstition attribue sans conteste aux génies de la montagne.

XI

L'INONDATION ANNUELLE DU MÉ-KONG. — LA TRAITE DES ESCLAVES. — BAPTÊME D'UN PETIT ENFANT

Après une journée de marche, nous atteignons l'embouchure du Nam-Sa, que nous remontons jusqu'au village peu éloigné de B. Pah-Nam-Sa pour y chercher des vivres; nous y trouvons d'abord un dépôt de nombreux esclaves gardés à vue par les traitants birmans.

Au moment où nous rembarquons, une femme accourt sous apparence de puiser de l'eau, et nous conjure de l'emmener avec ses enfants. Nous ne pouvions aller enlever ceux-ci dans la pagode; elle ne voulait pas partir sans eux, et force nous fut de l'abandonner, la recommandant mentalement à la Providence. Elle ne lui fit pas défaut, et quelques mois plus tard je revis cette femme dans une de nos missions, où elle était bonne chrétienne; mais elle n'avait plus ses enfants.

Le Nam-Sa forme la limite entre les provinces de Saniaburi et de Phon-Pisou; nous entrons dans la sous-préfecture d'Uxum-Pin-Araï, et nous longeons la crête abrupte du Phu-Sing (montagne du Lion), à laquelle succède Phu-Ngua (montagne du Bœuf) et enfin le Phu-Hong (montagne de l'Oie). Une chaleur torride nous retient cachés sur la rive dans un humble hangar du village de Bimg-Kan; nous y voyons donner la dernière façon à une belle pirogue neuve. Quelle occasion d'échapper aux ennuis des barques d'emprunt! la tentation est vraiment trop forte; nous y cédons, et pour soixante-quatre ticaux le marché est conclu. Tandis qu'on en débattait les conditions, le soir est venu, et nous sommes témoins d'un pèlerinage en quête de pluie. Des cris sauvages, une musique barbare, une orgie, des querelles et des coups: telle est l'expression de la dévotion de ces insensés, dont le bruit assourdissant se prolonge bien avant dans la nuit.

Le Nam-San, tributaire aussi du Mé-Kong, coule devant nous, et le lendemain, tandis qu'on achève d'appareiller notre nouvelle barque, nous le remontons pendant quelques heures à la prière de Kum, notre domestique; sa vieille mère est esclave à B. Sinto, et il veut l'arracher à la captivité. Espérance vaine: le maître a émigré à Nang-Khaï, et de la pauvre vieille pas de nouvelles! Nous regagnons tristement Bimg-Kan, où nous trouvons les eaux considérablement baissées, phénomène qui se renouvelle chaque année. L'inondation, avant d'atteindre sa crue normale, s'annonce par trois crues successives et progressives alternées avec des baisses sans motif apparent. Ensuite l'inondation se maintient pendant un temps assez long dans son maximum, et enfin disparaît presque subitement.

Après avoir dépassé B. Kang, nous franchissons sans difficulté des rapides, qui deviennent très dangereux à l'époque des grandes crues, par suite des tournants qui s'y établissent et forment brisants contre les rochers. Les rapides sont dominés par un rocher ayant la forme

Statue de Bouddha.

de l'arrière d'un immense vaisseau. La dévotion des navigateurs l'a surmonté d'un *ex-voto* bouddhique.

Le Mé-Kong recommence à croître, et nous atteignons un rapide d'assez menaçante apparence : des rocs aigus émergent de toutes parts, arrêtant le cours de l'eau et formant entre eux une succession de torrents, dont un seul est praticable. A gauche du fleuve, une roche immense formant muraille le refoule et lui imprime un courant violent. Par deux fois notre barque, prise de flanc, faillit être submergée et redescendit le rapide beaucoup plus vite qu'elle ne l'avait gravi; mais le bon Dieu veillait sur nous, et enfin nous retrouvons les eaux calmes.

Un nouvel affluent sur la rive gauche, c'est le Nam-Kamang; nous nous y engageons pour reprendre haleine à Tha-Bok, patrie de nos guides. Le village est divisé par la rivière; la partie supérieure est habitée par des fumeurs d'opium, qui nous montrent les dents. Le faubourg inférieur est formé par des maisons de construction différente de celles que nous avions vues jusqu'ici; elles sont munies de portes à leurs deux extrémités, et le toit en herbes se prolonge en demi-cercle formant véranda à chaque pignon. Un corridor divise l'intérieur en plusieurs chambres séparées, et des bambous amincis et tressés constituent les cloisons. Les femmes de ce village cachent leurs cheveux sous des turbans d'étoffe bleue, et la consonance du langage varie. Nous y trouvons un accueil assez froid; cependant nos intentions évidemment pacifiques calment bientôt les défiances, et les habitants nous avouent avoir été prévenus d'instinct contre nous par la vue de nos guides, anciens trafiquants d'esclaves et brigands qui ont fui devant la menace de la vengeance de leurs compatriotes. A cause de nous, grâce leur est faite, et nous sommes invités à nous établir dans la pagode. Mais le départ est fixé au lendemain.

Nous laissons B. Phou-Phing derrière nous, passons devant la montagne Phû-Kao (Corne de Bœuf), et stoppons au confluent du Se-Ngum, dont les riverains sont qualifiés de *phi-pope,* ou génies malfaisants donnant la mort à qui les approche. Sous l'empire de leur influence funeste, tous les voisins succombent, affirme-t-on, et cette croyance sert merveilleusement les haines et convoitises. En effet, un malheureux est-il accusé d'être phi-pope, le mandarin le condamne à être placé sur un radeau chargé de riz et de vivres et abandonné au courant ; défense lui est faite d'atterrir dans un endroit habité, et il n'a d'autre ressource que de construire une hutte dans la forêt et d'y vivre comme un lépreux, seul et misérable. Nous avons recueilli à Ubon plusieurs de ces exilés, qui ont fait souche de bonnes familles chrétiennes.

Nous célébrons la fête du sacré Cœur au Nuang-Phou-Pisaï, qui est le premier chef-lieu de province rencontré depuis quinze jours. La mort violente du gouverneur y a amené l'oligarchie ; les jeunes gens gouvernent, et les affaires vont à la dérive. En nous éloignant, nous apercevons des traces de lavage d'or sur un banc de sable ; le travail donnait de si minces résultats qu'il a été abandonné.

Voici une pyramide en ruine; nous arrivons à Nong-Khaï.

La ville, aussi longue qu'étroite, se compose d'une rangée de maisons construites à la mode laotienne et séparées du fleuve seulement par un chemin longeant toute la rive ; une rue parallèle est réservée aux commerçants chinois, dont le nombre varie de dix à douze selon la saison. Cette colonie chinoise est cependant la plus considérable dans ces parages.

Le gouverneur, jeune encore, mais presque aveugle, nous reçut cordialement, nous donna pour logis une maison du gouvernement bâtie au bord du fleuve, et nous envoya, comme bienvenue, un repas tout préparé, auquel nous fîmes un chaleureux accueil.

Le lendemain nous allions offrir nos remerciements au gouverneur, et nous leur donnions plus de poids par le présent d'un sabre acheté d'occasion à Bangkok. Il le céda à son fils, qui nous en témoigna une vive satisfaction et entraîna une partie de notre suite à la chasse, tandis que nous restions à deviser avec le gouverneur, qui nous vanta son administration et l'état florissant de la province.

Les débuts de notre séjour à Nong-Khaï furent consacrés par le baptême d'un petit moribond.

Son père, Siamois et soi-disant médecin, voyant l'enfant sur le point d'expirer, vint réclamer nos conseils; nous lui donnâmes quelques gouttes d'arnica dans un verre d'eau à faire boire au malade, et nous le fîmes accompagner par un serviteur chrétien qui portait un verre d'eau sans arnica, et qui, sous le prétexte d'opérer une lotion salutaire, le répandit sur la tête de l'enfant en prononçant la formule du baptême. L'un des deux remèdes au moins était bon, et quelques heures après le petit ange était dans le paradis du bon Dieu, d'où, je l'espère, il nous protégera.

DU THIBET EN CHINE

I

DE CHA-OUAN A CHA-PA — LES FÊTES DU PREMIER DE L'AN. ESCORTE OFFICIELLE

Le dimanche 7 février 1897, après midi, un courrier rapide, expédié tout exprès de Kia-Tin où se trouvait alors M. Haas, consul de France à Tchong-Kin, nous remettait une lettre annonçant que le consul serait à Ya-Tcheou du 10 au 11, en route sur Ta-Tsien-Lou. Comme en ce moment il n'avait pas d'interprète, on nous priait d'envoyer un missionnaire à sa rencontre jusqu'à Ya-Tcheou. Depuis quelques mois, nous avons bien le télégraphe, mais nous n'avons pas encore, — y en aura-t-il jamais? — de chemin de fer. Impossible, avec la meilleure volonté du monde et malgré la plus grande diligence, d'arriver vers le 11, c'est-à-dire dans trois jours, à la ville de Ya-Tcheou, distante de huit étapes ordinaires. Toutefois, c'était une raison de plus de se presser afin d'éprouver un retard moins long. En quelques heures j'improvisais mon voyage, et le lendemain matin, de bonne heure, je quittais Ta-Tsien-Lou.

Depuis vingt ans et plus que je parcours à pied, à cheval, la route de Ta-Tsien-Lou à Kiao-Chang, je ne puis me promettre des horizons nouveaux ou des impressions nouvelles; mais je suis content de faire enfin une échappée en lointain pays, surtout d'une manière si impromptue. Après une journée tiède d'hiver, tantôt à pied, tantôt à cheval, sans aucun incident, sans avoir rencontré sur ma route de pierres inconnues, j'arrive à la tombée de la nuit à Cha-Ouan dans la famille du catéchiste. Mon arrivée inattendue surprend et cause un peu de brouhaha dans la maison.

Nous sommes en effet dans les premiers jours du Ko'ngien (premier de l'an chinois); la grande salle de l'auberge, où couchent d'ordinaire les porteurs de thé comme en un dortoir commun, a été convertie en salon-chapelle, c'est-à-dire qu'au milieu se dresse une table et qu'au fond s'élève un petit autel entouré de pieuses images collées sur papier. C'est pauvre, mais c'est extraordinaire, et tout respire un air de fête. Sur la table, on offre aux parents et amis le thé et les cadeaux traditionnels; les grandes prostrations ou saluts solennels se font à l'autel.

On s'empresse de préparer ma chambre, et pour cela, il faut momentanément enlever l'autel improvisé qui en barre la porte; puis on me prépare à souper. Outre les gens ordinaires de la maison, je remarque qu'il y a relativement beaucoup de monde : ce sont des néophytes du voisinage qui sont venus souhaiter la bonne année à leur catéchiste. Je suis heureux de revoir quelques-uns de mes anciens paroissiens et de faire connaissance avec quelques nouveaux chrétiens; tous me paraissent aussi heureux que moi. Pendant mon souper, ils me tiennent compagnie selon l'usage chinois, et, tout en devisant avec eux de choses et autres, du passé et du présent, je viens à parler du but de mon voyage qui les étonne, mais les rend fiers, à la pensée qu'un grand homme du grand pays de France va venir à Ta-Tsien-Lou et pousser jusqu'à Bathang, dans le Thibet, afin de nous faire rendre justice. Plusieurs d'entre eux ont souvent passé par la petite route qui conduit de Kiao-Chang à Ya-Tcheou, par Tien-Tsuen; tous s'accordent à dire qu'elle est beaucoup plus courte, mais ajoutent qu'elle est impraticable pour les chevaux et même très difficile pour les simples piétons. Somme toute, concluent-ils, on peut par cette route arriver en trois jours, au lieu de six, à Ya-Tcheou.

Le catéchiste m'invite à dire la sainte messe le lendemain; il m'apporte la chapelle contenue dans une caisse, afin que je puisse constater s'il y a tous les ornements nécessaires, et en particulier des hosties. Les chrétiens vont réciter tous ensemble leur prière du soir dans le salon-chapelle, et moi je dis mon bréviaire.

Comme je suis pressé, il avait été décidé hier que je dirais la messe à la pointe du jour.

Le coq n'a pas encore chanté, que le catéchiste est debout et m'apporte l'eau bouillante prescrite par le codex chinois pour se laver la figure, sans savon, et toujours avec la même serviette. C'est fait; me voilà bichonné, la barbe peignée, la tête libre.

Le jour commence à peine à poindre quand je me mets en route. Peu à peu l'aurore paraît, puis le soleil.

Que faire dans un gîte, à moins que l'on ne songe? disait un lapin philosophe. Que faire *à cheval,* à moins que l'on ne songe?

J'avançais seul au pas pressé de mon cheval; j'avais

laissé loin derrière moi domestique et bagage. Je songe donc à ceci et à cela. La conversation de la veille me revient surtout en mémoire : *par la grande route six jours; par la petite route trois jours, quatre au plus.*

Et je me met à supputer les avantages et les désavantages inhérents à chacune de ces voies.

Sur ces entrefaites, un peu avant d'arriver à Cha-Pa, je rencontre une bande de travailleurs qui courent au marché voisin. J'avise dans le nombre un chrétien :

« Un tel, es-tu libre?

— Oui, demain.

— Non pas demain, aujourd'hui.

— Pour aller où?

— A Ya-Tcheou.

— On va voir dans un instant. »

Ce chrétien, un jeune homme alerte, est le guide qu'il me faut, si je prends la petite route. Je regarde sa rencontre comme providentielle, et cela contribue à diriger ma pensée vers une décision ferme.

J'arrive à Cha-Pa, où je trouve mes deux confrères tout ébahis de me voir. En deux mots, je les mets au courant et je prends de nouveaux renseignements sur la route de Tien-Tsuen; ils concordent de tous points avec ceux qu'on m'a donnés la veille : la distance est beaucoup plus courte, mais la route est affreuse. J'aime ce dernier détail; je suis sûr de trouver la route non pas bonne, mais notablement meilleure qu'on me le dit. Donc pas de déception à craindre, au contraire.

Après avoir dit la sainte messe, fait un déjeuner-dîner, je me prépare à partir par la petite route, c'est décidé. Par la grande route, j'aurais trois cols de montagne à franchir; par la petite, je n'en ai qu'un, demain matin, et je descends ensuite jusqu'à Ya-Tcheou, c'est à considérer. J'ai passé huit ans à Cha-Pa, voilà tout à l'heure vingt ans que je suis à Ta-Tsien-Lou, et *je n'ai pas encore vu Carcassonne* ni Tien-Tsuen. Je renonce à voir jamais Carcassonne avant de mourir, mais je vais enfin voir Tien-Tsuen.

On me dit que de Kiao-Chang à Tien-Tsuen il y a vingt-quatre lieues et de Tien-Tsuen à Ya-Tcheou sept lieues. On me conseille d'aller coucher ce soir à Kan-Keou, à trente-cinq lys ou trois lieues et demie. Dans deux jours je pourrai, forçant la marche, arriver à Tien-Tsuen; le troisième jour, je monterai en chaise, — quelle félicité! j'ai été une fois en chaise depuis que je suis au Thibet, — et j'atteindrai facilement Ya-Tcheou. Voilà les plans! Je laisse donc mon cheval, je divise mon modeste bagage entre deux jeunes porteurs, je serre la main à mes confrères, et je pars à une heure et demie pour arriver assez tôt à la première étape.

Avant mon départ de Ta-Tsien-Lou, selon les règles que veut nous imposer le gouvernement chinois, j'avais fait avertir le mandarin de mon départ précipité, afin qu'il me donnât, s'il le voulait bien, un *fou-song* ou escorte officielle, à laquelle je ne tenais pas du tout. Cette escorte officielle peut être utile, même nécessaire à des voyageurs vêtus à l'européenne et ne connaissant ni les mœurs ni la langue du pays; pour le missionnaire, ce n'est presque toujours qu'un embarras. Mais notre vie est si précieuse, nous disent les mandarins, que s'il arrivait malheur ils en seraient au désespoir, puisqu'on s'en prendrait à eux. Ils veulent donc à tout prix nous protéger, c'est vraiment beau; nous protéger partout, toujours, envers et contre tous, voilà qui devient ennuyeux, par exemple pour une visite de chrétiens, de malades. Tels sont les ordres supérieurs, et les mandarins n'oseraient s'y soustraire. Cependant les plus intelligents s'entendent avec nous; ainsi il est convenu que pour de petits déplacements, dans les limites de leur juridiction, on ne nous accompagnera pas; seulement prière instante de les avertir, quand nous voudrons entreprendre un voyage et passer de leur juridiction dans une autre. C'est plus raisonnable, mais encore inutile et quelquefois injurieux pour nous, car en fait voici comme les choses se passent :

Le mandarin de X... d'où vous partez écrit à son plus proche voisin le mandarin de Z... pour vous annoncer, et confie sa lettre à un satellite qui vous accompagne. Quelquefois la lettre officielle, libellée par les scribes du tribunal, est ainsi conçue : « Le gendarme un tel est chargé de vous conduire le coupable un tel, missionnaire français du nom de..., etc. » En outre. cette soi-disant *escorte* se composant ordinairement d'*un pelé*, d'*un galeux*, n'a vraiment rien d'honorable, d'autant plus que cette sorte de gens aime à profiter de leur mission pour gruger le peuple et vous rendre odieux.

Je n'avais pas encore atteint le marché de Kiao-Chang, je suivais les contours de la corniche étroite qui domine le fleuve, lorsque tout à coup un individu luisant de crasse, que je ne connaissais pas, un fumeur d'opium traînant la savate et qui venait en sens inverse, me fait la salutation officielle, en me disant :

« Grand homme, je...

— C'est bien, c'est bien, lui dis-je, tu es le *fou-song* envoyé par le mandarin pour m'accompagner; voilà ton salaire. Maintenant avertis ton remplaçant que je file par la petite route. »

Ainsi donc je voyageais depuis deux jours, et pour la première fois j'apercevais l'homme qui devait m'accompagner et me protéger.

II

LE PONT DE LOU-TIN-KIAO

Me voici arrivé au pont de chaînes de Kiao-Chang, le pont géant, la merveille de la métallurgie chinoise. J'ai lu quelque part que certains de nos travaux anciens, qui font l'admiration des générations, ont été cependant construits contre toutes les règles de la science; mais ils tiennent bon et depuis longtemps, et on leur pardonne. Peut-être le pont de Kiao-Chang a-t-il été, lui aussi, construit contre les règles de la science, car je regarde comme certain qu'en Europe il serait condamné; il casse de loin en loin, mais jamais tout d'un coup; au total il tient. Que la science lui pardonne!

La longueur de ce pont est, d'une rive à l'autre, de cent vingt à cent trente mètres; sa largeur, de quatre ou cinq mètres.

Il est composé de douze chaînes de fer, grosses comme celles des grands navires : huit forment comme la carcasse du tablier; les quatre autres, — deux de chaque côté, — servent de garde-fou. Sur les chaînes du fond, il n'y avait primitivement que de minces planches plus ou moins écartées les unes des autres et liées aux câbles avec des cordes de bambou. Récemment, on a tant soit peu perfectionné ce trop simple appareil : au milieu du tablier, on a établi une sorte de dallage étroit, mais continu, qui permet aux chevaux de passer sans trop de difficulté.

Ce pont modèle pour la Chine est tellement bien suspendu qu'il est toujours en mouvement : le pas d'un seul piéton suffit pour produire des oscillations très sensibles. Quand plusieurs personnes passent en divers sens, surtout si la peur fait précipiter le pas, les oscillations deviennent alors troublantes, car on voit l'eau sous ses pieds, à travers le tablier. Le garde-fou, qui laisserait passer un bœuf entre ses deux chaînes, n'est pas pour vous donner confiance. Pour moi, je ne l'ai jamais touché de la main ; je file droit au milieu du pont, sans peur, mais jamais, je l'avoue, sans quelque petite émotion.

Pourquoi les meuniers ont-ils un chapeau blanc? — Pourquoi le pont de Kiao-Chang a-t-il douze chaînes?...

Il y a des questions dont la réponse se devine d'elle-même ; d'autres, au contraire, sont insolubles ou vulgaires. Le pont de Kiao-Chang a douze chaînes, parce que l'empire chinois comptait, quand on le construisit, douze provinces. Chaque province a fait les frais d'une chaîne : c'est donc un pont vraiment national, un pont classé. Un mandarin est affecté à sa garde; c'est la ville de Tien-Tsuen qui est chargée de son entretien et des réparations urgentes; à des époques déterminées on le démonte, et toutes les chaînes sont visitées et repassées au feu. Ce sont les forgerons de Tien-Tsuen qui ont le privilège de ce travail; dans les environs de Tien-

Tsuen, une forêt est affectée exclusivement à fournir le bambou nécessaire pour tresser les cordes employées à la démolition provisoire et à la reconstruction du pont. En hiver, quand les eaux du fleuve sont basses et calmes, une barque opère le transport des marchandises : seuls les piétons non chargés peuvent traverser le pont, et de jour bien entendu, puisque en tout temps il est fermé la nuit. En tout temps aussi, pour éviter de trop fatiguer le tablier par des oscillations trop fortes et en sens opposés, des gardes veillent à ne laisser passer que quelques personnes à la fois. Si le vent se lève par trop fort, le passage est interdit momentanément, et on tire un coup de tromblon à poudre pour couper le vent !

Il arrive quelquefois que la violence de l'ouragan emporte en grande partie les planches du tablier; on les rétablira, heureux par ce modique sacrifice d'avoir sauvé le pont. Un tablier non à jour, et par suite plus résistant, ne céderait pas à la rage du vent et serait emporté d'un bloc. Quelquefois une ou deux chaînes se rompent, les autres tiennent, mais se détendent. Alors le tablier du pont reste incliné jusqu'à réparation réglementaire, si l'inclinaison n'est pas trop sensible; jusqu'à réparation immédiate et d'office, si elle offre du danger.

Les chaînes du pont de Kiao-Chang sont comme les chaînes de félicité de l'empire; une chaîne rompue est donc de mauvais présage, et le public superstitieux s'en inquiète. Peu avant la guerre du Japon avec la Chine, un incendie violent dévora la plus grande partie du marché de Kiao-Chang; la tête du pont elle-même fut attaquée et le cabestan dévoré par les flammes; les chaînes chauffées au rouge cassèrent toutes, et le passage fut interrompu. N'est-il pas clair, maintenant, que cet accident annonçait la funeste guerre avec le Japon? Voici qui fut plus significatif encore : on eut du mal à rétablir un fil de communication d'une rive à l'autre, lorsqu'on voulut entreprendre la réparation du pont. On essaya d'une barque de cuir, arrondie en forme de grand couvercle renversé : elle chavira, et les deux hommes qui la montaient périrent dans les flots!...

Somme toute, pour les voyageurs européens qui le voient une première fois, ce pont ne manque pas d'une certaine hardiesse; pour les Chinois et surtout pour les Thibétains qui débouchent de nos montagnes, ce pont est une merveille par comparaison.

Les petits ruisseaux qui sourdent de partout, avant de s'épandre à travers la plaine en fleuve majestueux, forment ordinairement d'impétueux torrents qui bondissent de rocher en rocher et de cascade en cascade. Un tronc d'arbre jeté en travers, deux troncs d'arbres, si cela est nécessaire, et voilà un premier pont.

En temps ordinaire, rien de plus facile que de le traverser. Mais lorsqu'un orage a démesurément grossi le torrent, il n'est pas toujours sans danger de faire l'acrobate, au-dessus des flots bouillonnants, sur un tronc d'arbre non dégrossi et rendu glissant par la vapeur d'eau dont il est imprégné. L'habitude donne au pied de l'agilité, et la nécessité double le courage; aussi les accidents mortels sont relativement rares, et chaque jour de pauvres mercenaires, chargés parfois d'un poids énorme, franchissent ces sortes de passages.

Quand le torrent a une certaine largeur et la route une certaine importance, force est bien de construire un pont moins primitif. La nécessité rend industrieux.

On improvise un quai vertical sur chaque rive, au moyen d'un châssis de bois rempli de pierres, puis on lance un tablier de poutres d'une seule pièce.

Si la distance est trop grande d'un bord à l'autre, on s'ingénie pour la diminuer. A cet effet, on fixe sur chaque rive plusieurs assises de poutrelles solidement reliées, et placées de telle façon que l'une fasse saillie sur l'autre au-dessus du torrent. L'ensemble des assises est encadré dans un fort bâti en bois que l'on charge de grosses pierres, et l'on obtient ainsi comme un prolongement de la route. Parfois, ce moyen de rétrécir un cours d'eau ne suffit pas; alors on avise un endroit où une roche énorme, jetée par la nature au milieu du torrent, offre une base solide. Sur cette base, on construit une énorme caisse en bois que l'on remplit de quartiers de rochers et qui forme une sorte de pilier, où l'on réunit deux tabliers jetés des deux rives opposées.

Ces ponts munis d'un garde-fou sont d'ordinaire assez résistants; mais, exposés aux intempéries de l'air, ils pourrissent vite et demandent à être souvent remplacés. Comme en général ils sont laissés à l'initiative collective des intéressés, ceux-ci ont le tort d'attendre jusqu'au dernier moment, quelquefois même jusqu'à la chute d'un tablier, avant de procéder à son remplacement. A cause de cette incurie, les ponts à moitié pourris et branlants ne sont pas rares.

Il arrive parfois que le torrent est par trop large, ou que l'on ne peut subvenir aux dépenses nécessaires pour la construction de ces ponts en bois. Alors quelques individus, les membres d'une seule famille assez souvent, font les frais relativement minimes d'un pont de cordes. Voici comment on procède en pareil cas :

On va à la montagne, où ils croissent en abondance, couper des bambous sauvages, que l'on bat de manière à les écraser sans les rompre; ils se fendent naturellement dans le sens de la longueur, et chaque bambou donne ainsi plusieurs filaments très allongés, dont on fait des tresses d'une grosseur moyenne. Trois de celles-ci tordues ensemble forment un câble d'un volume respectable et de grande résistance. On lance ce câble en travers du torrent ou de la rivière, et on l'attache de chaque côté soit à un arbre, soit à une roche ou à un obstacle que l'on improvise. Il ne reste plus qu'à tendre cette corde le plus possible à l'aide d'un cabestan primitif, et voilà un pont comme il n'y en a certainement pas en France!

Vous faut-il franchir ce pont? Armez-vous d'un *lieou-ko,* que nous appellerons « glissoire », si vous voulez bien. C'est une pièce de bois résistant et à rainure emboîtant le cable. Placez entre vos jambes le bâton qui est suspendu à cette glissoire par une corde assez courte; passez votre bras gauche sur le lieou-ko, de façon à bien assujettir celui-ci sous l'aisselle; enfin, de la main ou du pouce gauche, tenez ferme votre ceinture. Tous ces préparatifs ont été faits debout. Maintenant laissez tomber votre corps comme pour vous asseoir sur le morceau de bois suspendu à la glissoire; aussitôt le lieou-ko part emporté par votre poids et vous porte à plusieurs brasses. Avant que la vitesse acquise soit épuisée, tendez fortement le bras droit, saisissez le câble d'un mouvement rapide et le plus loin possible, tirez sec et lâchez aussitôt, sinon vos doigts seront pris : vous arriverez ainsi au milieu du torrent.

Vous voici au moment le plus difficile : le câble se

Montagnes du Thibet.

relève, il faut remonter la pente. Pas de précipitation, surtout pas d'efforts inutiles! Serrant toujours sous l'aisselle gauche la précieuse glissoire, penchez fortement la tête à droite; allongez les jambes en les croisant pour ne pas lâcher le bâton sur lequel vous volez; de la main libre saisissez le câble de toute la longueur du bras, balancez votre corps vivement, et, au moment où l'oscillation le porte en avant, tirez fort! La glissoire avance, vous aussi. Peu à peu, plus ou moins vite selon la courbe dessinée par la corde, vous finissez par arriver au-dessus d'un petit quai naturel ou improvisé, vous quittez la position assise, et vous vous dressez sur vos pieds : vous êtes sauvé!

Pour toutes sortes de raisons, économiques et autres, ces ponts de cordes sont d'ordinaire jetés dans les endroits les plus resserrés. Aussi, aux grandes pluies, comme l'eau bouillonne! Et il faut passer presque à fleur d'eau, ni debout ni assis, presque couché en l'air... qu'en pensez-vous? Je recommande ce système spécialement à Messieurs les Anglais, qui, à ce que l'on dit, aiment les émotions.

Un pont pareil, dira quelqu'un, doit être bien dangereux. Pas le moins du monde. — Mais si la corde casse? Et si le pont d'Avignon s'écroule... Il n'est pas à ma connaissance qu'un pont de cordes, — et il y en a plusieurs à Ta-Tsien-Lou, — ait jamais cassé, par la raison qu'un câble neuf en bambou est très solide et que l'on a soin de renouveler ce câble tous les ans. Mais si on lâche tout? Il ne faut rien lâcher, sinon il vous arrivera ce qu'il advint à mon Moïse, et puissiez-vous vous en tirer à aussi bon compte que lui!

Un de mes vieux chrétiens qui se croit chasseur,

parce que jadis il a tiré des coups de fusil à poudre pour épouvanter le sanglier qui dévorait son maïs, résolut un jour de partir en guerre, et d'aller en face ma maison, au sommet de la montagne, tuer quelque *mouflon*, comme disent les savants, un *pan-yang*, disent nos Chinois. Il va sans dire qu'il ne me consulta pas et partit à mon insu.

Tout à coup j'entends des cris confus, mais que l'expérience a rendus bien clairs pour moi. Je devine que quelqu'un est en danger au pont de cordes, un enfant peut-être, comme telle autre fois, ou un maladroit de Chinois étranger au pays. Un jeune chrétien accourt. « Père, un tel vient de tomber à l'eau; le courant l'a emporté. » Je me précipite, non pas lentement, comme dit la chanson, mais toutefois d'une course mesurée, car je sais qu'en pareil cas une surexcitation trop vive vous met de suite à bout de forces. J'arrive au pont, j'interroge; mais, avant de vous raconter ce qui s'était passé, il faut que je répare une omission.

J'ai oublié de dire, en effet, que nos ponts de cordes réunissent la commodité à la solidité. Comme dans certains cas il serait difficile à certaines personnes de « se remonter » elles-mêmes, on a imaginé, — l'histoire locale n'a pas conservé le nom de l'inventeur, — un système d'anneaux en bambous insérés dans le câble et reliés entre eux par une corde de chanvre, souple et solide, qui doit avoir en longueur le double et un peu plus de la largeur du torrent. Le lieou-ko est attaché juste au milieu de cette corde, de manière que d'une rive comme de l'autre on puisse le tirer à soi. Ce système permet de passer des fardeaux : une charge de bois, un panier de légumes; il suffit de les attacher à la glissoire. Il permet aussi d'aider son prochain à passer avec moins de peine en tirant par degrés, à l'instant précis où lui-même allonge le bras et donne son coup de jarret.

Je reviens maintenant à mon Nemrod. Il était accompagné dans son expédition par un jeune homme d'une vingtaine d'années qui franchit le premier le pont de cordes, seul et sans aide. Arrivé sur l'autre rive, il dépose son fusil et se prépare à tirer la glissoire, pendant que le vieux chasseur passera à son tour. Celui-ci ouvre ses grands yeux, — il a des yeux énormes, — s'ajuste aussi bien que possible, et se lance. Il a déjà franchi assez facilement les deux tiers de la corde, grâce à son compagnon qui le tire, mais il faut remonter la courbe, c'est plus dur. Il y a justement sous ses pieds une cataracte en miniature; il a le tort de la fixer de ses gros yeux, il se trouble, et, pendant qu'il crie à son ami : « Tire vite, tire vite, » il a le tort plus grand de saisir le câble d'une main crispée. Non seulement il ne s'aide pas, mais il rend impossible à son compagnon de l'assister. Soudain il lâche tout, pirouette et tombe à l'eau. Le courant l'emporte et va le déposer sur un banc de gravier à moitié immergé, à deux cents mètres du pont. Le pauvre homme est sans mouvement : un pêcheur à la ligne peut arriver jusqu'à lui, le retourne la face en l'air et le laisse là.

Je surviens à ce momant; je passe le pont, je traverse un gué et cours près du noyé, que je trouve râlant encore. Un, deux, puis trois ou quatre chrétiens m'ont bientôt rejoint et m'aident dans les soins que j'essaye de lui donner. Je tâche de me rappeler ce que j'ai lu dans les livres : j'étends mon homme dans une bonne position et le frictionne de toutes mes forces. Sur la rive, il s'est formé un groupe de païens qui n'approuvent pas ma manière de faire et qui, à chaque instant, me crient avec impatience :

« Mettez-le la tête en bas, et lavez-lui les pieds, pour lui faire rendre l'eau qu'il a bue. »

Voilà un procédé rationnel pour vider une outre de Falerne, mais pas l'estomac d'un mourant. Si je n'avais pas été là, mes gens se seraient laissé convaincre, et le noyé eût trépassé. Je m'oppose à une pareille imprudence.

Cependant, malgré mes soins, le malade râle toujours et ne reprend pas connaissance; il me semble même que le danger s'aggrave. J'envoie chercher les saintes huiles, et je lui donne l'extrême-onction. Je fais aussi apporter des habits secs et des couvertures; je change l'infortuné de vêtements, je l'étends sur une couverture; enfin il prononce ces quelques mots : « J'ai grand froid. » C'est le danger pour les noyés; heureusement nous avons un beau soleil et pas de vent. Je continue mes frictions, peu à peu le corps se réchauffe, la respiration devient normale. Nous prenons alors la couverture de laine par les quatre coins, et nous transportons le malade sur la berge, en lieu sec, où nous lui improvisons un lit, le couvrant de tous les vêtements que nous avons sous la main. Nous le laissons ainsi tranquillement *cuver son eau,* car il n'en a pas rendu la moindre goutte. Le sommeil vient, sommeil agité; il rêvasse, il s'éveille à demi, répétant par intervalle : « Qu'est-ce qu'il y a?... Qu'est-ce donc? » se rendort, se réveille pour se faire à lui-même les mêmes questions. Enfin il dort un bon somme, et bientôt il est sur pied, ahuri, n'ayant qu'une connaissance confuse de ce qui vient de se passer. Tous les autres regagnent leur logis en repassant le pont de cordes; pour lui, il n'ose plus s'y aventurer et va faire un détour d'une lieue afin de trouver un pont de bois. C'est depuis lors qu'il est appelé Moïse.

Sur des rivières autrement larges et profondes que la Seine on jette aussi des ponts de cordes, de construction semblable à celui que je viens de décrire. Mais, — et voilà la différence, — un pont en suppose nécessairement deux : un pour l'aller, l'autre pour le retour. De plus l'inclinaison est telle que sans s'aider des mains, — il faut bien s'en garder, — on glisse d'un trait, d'une rive à l'autre, par son propre poids. Comme vous voyez, ce sont des ponts qu'on peut appeler *auto-coulants*.

Lorsqu'on fait passer une lourde charge ou un animal, on beurre préalablement le câble, de peur qu'il ne s'enflamme, et cependant la fumée s'élève au passage de la glissoire. Il va sans dire que l'on n'a pas besoin de s'ingénier pour la traction; bien au contraire, on a le soin que le câble se relève un tant soit peu à l'extrémité, de manière à prévenir ou du moins à amortir tout choc contre la pile. Ce dernier mode de passer un pont de cordes est très rapide, mais aussi très impressionnant, sans toutefois être beaucoup plus dangereux que le précédent. Il n'y a qu'une double précaution à prendre : se faire bien attacher à la glissoire, car il ne peut pas être question de s'y tenir par le bras; et écarter du câble le visage qui, sans cela, serait affreusement labouré.

Ce serait un plaisir, — un clou! — lors de l'exposition de 1911, de traverser la Seine à vol d'oiseau sur un pont thibétain. Avis aux amateurs!

Quand on n'a jamais vu d'autres ponts que ceux jetés sur les torrents de nos montagnes : ponts de planches mal unies, ponts de cordes, on conçoit, comme je l'ai dit plus haut, que celui de Kiao-chang paraisse une merveille.

III

LA MONTAGNE DES VINGT-QUATRE ZIGZAGS — UN PIÈGE A LOUP UNE NUIT A KAN-KEOU

Après avoir passé le fameux pont de Lou-Tin-Kiao, je traverse le marché et prends la direction de la petite route. De suite, il faut commencer à gravir une pente assez douce d'abord et bientôt plus raide; après trois quarts d'heure de marche, nous franchissons un petit col, puis nous quittons la grande vallée de la rivière pour redescendre un peu et nous engager dans une vallée latérale moins large. On suit généralement le bord d'un léger torrent qui va se jeter dans la rivière Lou; de loin en loin, on aperçoit quelques rares maisons, quelques pauvres champs, un minuscule village.

Nous montons toujours, mais insensiblement. Tout à coup le torrent se bifurque; une montagne à pic se dresse devant nous. C'est *Eul-Che-Se-Pan*, la montagne des vingt-quatre zigzags, ainsi nommée parce que la route pour la gravir forme vingt-quatre lacets.

Le point de vue est magnifique, mais terrifie le piéton : c'est par là qu'il faut passer.

Pas de presse, un bon petit pas régulier, de temps en temps une courte pause debout : voilà la manière d'aller loin et de monter haut, sans être à bout de forces. J'applique cette théorie que l'expérience m'a apprise, et je monte, monte toujours. C'est raide; à quelques endroits, la route borde des précipices, et je ne m'étonne pas d'entendre raconter que, parfois, des porteurs lourdement chargés, perdant pied, sont précipités et tués sur le coup.

On m'a dit qu'un arbre unique s'élève au sommet de la montée. Je l'aperçois : il me semble déjà que nous arrivons. Un lacet, puis un autre, et un autre encore... L'arbre passe et repasse; j'étais trop pressé! Peu à peu il grandit; il paraît très rapproché; cette fois nous allons l'atteindre. Erreur d'optique, illusion de piéton sur les dents; il faut grimper, grimper toujours. Enfin, nous y sommes. Nous faisons une petite halte pour nous reposer et jouir du point de vue. Nous apercevons assez près de nous, — à vol d'oiseau, — les premières maisons du village où nous devons coucher. La route ne monte plus, ou à peine, mais suit, en formant quatre lacets, le flanc de la montagne; nous sommes moralement arrivés.

Après un instant de repos, nous reprenons notre marche d'un pas alerte. Soudain, au contre-bas de la route, dans un champ, j'aperçois une espèce de grande cage aux larges barreaux, qui m'intrigue fort. On me dit que c'est un piège à loup, et on m'explique le mécanisme du système.

La cage est divisée intérieurement par une cloison

à clairevoie. Dans l'un des compartiments, qu'on a soin de fermer, on place un chien qui, cela va sans dire, aboie douloureusement. Messire loup accourt, se pourléchant les babines. Il rôde un moment comme s'il étudiait la question; il devine au toucher qu'à l'autre extrémité la porte d'entrée est mobile, et bêtement il se glisse dans la cage pour attraper le chien. Peine inutile! la cloison l'arrête; la porte mobile est retombée sur ses derrières, et le voilà pris. Chien et loup hurlent et gémissent à l'unisson...; mais en ce moment la cage est vide, et je n'ai jamais eu l'occasion de la voir occupée par les prisonniers.

Messire loup, n'écoutez mie
Mère tançant son fieu qui crie.

Les loups français savent cela, et depuis longtemps; je dirai à mon tour au loup chinois :

Messire loup, n'écoutez mie
Chien pleurnichant, roquet qui crie.

Cependant nous marchons toujours et rondement. En fin de compte, ces lacets que nous avions embrassés d'un regard sont plus longs à parcourir que nous ne l'avions supposé. Encore une illusion d'optique! La nuit va tomber; il bruine lorsque nous arrivons à Kan-Keou. J'ai eu du flair en partant plus tôt que je ne devais raisonnablement. On m'avait dit qu'il y avait trois lieues et demie seulement à parcourir; j'estime, montre en main, que nous avons fait de quatre lieues et demie à cinq lieues.

Le village de Kan-Keou (vallée sèche) mérite son nom. Il paraît cependant avoir une certaine importance : il est *tête de ligne* pour ceux qui se disposent à franchir la montagne, comme pour ceux qui l'ont franchie, pesamment chargés. Nous choisissons une auberge connue de mes suivants, et bientôt je suis installé dans une chambre presque convenable.

C'est aujourd'hui le 9 de la première lune chinoise, nous sommes donc encore dans les premiers jours de l'an. Pourvu que mon hôte n'aille pas se mettre en tête de me souhaiter la bonne année, en m'offrant les neuf plats traditionnels! Juste, avant mon souper, voilà le bourgeois qui arrive m'apportant avec solennité la boîte ronde aux neuf compartiments, remplis chacun de pâtisseries différentes. Il s'excuse de ne pouvoir mieux traiter un grand homme; il me prie du moins de goûter ses *mauvais* gâteaux et de daigner accepter, pour les faire passer, une petite goutte de *ta-kin-tsieou* [1]. J'aurais bien mauvaise grâce à refuser, d'autant que c'est le maître lui-même qui me fait les honneurs. Tout en dégustant le fameux vin ta-kin et en grignotant des croquignoles, nous causons un peu. Je me trouve en pays de connaissance.

L'aubergiste, avant de venir s'établir ici, avait habité Ta-Tsien-Lou; il a connu l'évêque *Tin* (Mgr Chauveau) et l'évêque *Py* (Mgr Biet); il connaissait parfaitement tels et tels chrétiens; il sait nos règles et un peu nos croyances. En voilà donc un qui a, sinon clairement vu, du moins entrevu la lumière. Mais il serait bien inutile, en passant, de faire avec lui de la contro-

[1] Alcool très estimé des Chinois et fort cher; s'extrait, dit-on, du blé.

verse ou de le sermonner pour lui prouver qu'il doit se faire chrétien : je crois qu'il fume l'opium. Après le dessert chinois, — l'apéritif, si vous voulez, — mes gens me servent mon souper; ensuite je donne la pièce à mon hôte, et tout le monde se retire pour se chauffer autour d'un grand feu de bûches. De loin en loin, on apporte dans ma chambre une bonne pelletée de braise brûlante, que l'on dépose dans une marmite en fer à cadre de bois, ou poêle chinois, sans tuyau, qui, d'ailleurs, n'est pas nécessaire, l'air passant partout. Dans une chambre bien close, je suis l'ennemi-né de ce système de chauffage; mais dans cette chambre à plafond ouvert, vraiment, c'est très supportable.

A la veillée, toute la famille de mon hôte se trouve réunie avec mes gens; on devise de choses et d'autres, et j'entends tout. Un moment la vieille grand'mère, qui connaît Cha-Pa, raconte une de ses impressions de voyage. Telle année, dans tel but, — elle avait bonnes jambes alors, — elle se rendait à Cha-Pa. De Kiao-Chang à Cha-Pa, deux cents mètres, la route surplombe le fleuve en corniche à pic et s'éboule assez souvent. Il y a là un petit passage ennuyeux et difficile, un pli de terrain qui, du sommet de la montagne, descend raide jusqu'à l'eau du fleuve.

Au-dessus de la route, il y a encore un peu de terre en contre-bas, c'est la roche nue; en cet endroit, le chemin se rétrécit et ne forme plus qu'un étroit sentier, rendu plus dangereux par les petites pierres et le gros gravier dégringolant de la montagne. Telle est encore la route aujourd'hui, telle elle était le jour où grand-mère s'y présenta. Arrivée à ce passage critique, les jambes lui fléchissent; elle hésite un moment, mais elle

8

avise la petite idole tutélaire que la confiance publique a placée dans un petit pagodin sis tout à côté. Elle invoque le *pou-sa;* le *pou-sa* la protège; elle passe heureusement et même sans peur.

« Oh! c'est bien vrai, allez, dit grand'mère à son auditoire, il y a quelquefois un *pou-sa* qui nous protège. »

Témoignage d'une âme *naturellement chrétienne.* Oui, il est bien vrai que nous avons tous un ange gardien, et je compte sur lui, car j'aurai plus d'un passage autrement dangereux à franchir que celui de la grand'mère. Combien de chrétiens oublient ce céleste gardien qu'ils connaissent pourtant, mais qu'ils honorent si peu; tandis que les pauvres païens, qui le connaissent si mal, s'efforcent par tous les moyens, — pagodins, ex-voto, bâtons d'encens, — de se rendre favorable le *malin* qui a su prendre sa place à leurs yeux !

Je procède à mon coucher : c'est toute une opération. J'étudie l'endroit propice, c'est-à-dire l'endroit où la neige qui tombe, discrètement il est vrai, ne m'atteindra pas. Il faut que je transporte dans le coin opposé ma couchette déjà préparée; c'est fait, et sous un monceau de couvertures, habits, besaces, etc., je disparais littéralement, moins le bout du nez, car impossible à moi de m'endormir à la thibétaine, roulé en boule sous les couvertures. *Os homini sublime dedit :* c'est beau, même en dormant, de porter haut le front; toutefois, pour le quart d'heure, c'est fort gênant. Je n'ai qu'en partie réussi dans mon transbordement : une poussière imperceptible de neige vient me chatouiller désagréablement le visage. Voilà un cas que je n'avais pas prévu; une moustiquaire, que d'ailleurs je n'ai point, serait à peine un remède. Vu la nécessité, je consens forcément à me voiler la face à l'aide d'un mouchoir; mon nez bien proportionné, — on me l'a toujours dit, — le soulève suffisamment pour permettre de respirer à l'aise et de flairer l'ennemi.

IV

DANS LA NEIGE — A L'AUBERGE

De bon matin je sonne le réveil, et au point du jour nous nous mettons en marche. Sainte Scholastique, dont c'est aujourd'hui la fête, a fait abondamment neiger pendant la nuit. Hier, au bas de la montagne, j'avais rencontré un bon Chinois qui m'avait demandé où j'allais.

« Franchir la montagne, lui répondis-je.

— Vous franchir la montagne !... » fit-il, en branlant la tête et considérant ma barbe grisonnante.

N'ayant ni canne, ni pic, j'emprunte aux parois de mon hôtellerie un simple bambou qui me tiendra lieu de l'un et de l'autre, et en marche. Partout un moelleux tapis blanc étendu sous nos pieds adoucit les aspérités de la route; mais aussi le pied, se posant à l'aventure, éprouve quelquefois des chocs en retour désagréables, il s'enfonce plus qu'on ne le prévoyait ou il glisse. Nous grimpons un escalier de pierres irrégulières, et, après trois quarts d'heure de marche, nous arrivons à une auberge; mes gens s'arrêtent pour souffler un peu et aussi pour se chausser. Malgré leurs souliers de paille, ils glissent, et ces glissades, même sans chute, sont fatigantes; afin de les éviter, ils s'attachent sous le pied, à l'aide de courroies, une petite pièce de fer appelée kio-mà-tsé, espèce de fer à cheval pour homme, ayant la forme elliptique et régulière d'un O. Ce fer, d'un nouveau genre, porte au milieu de chaque tige quatre petits crocs proéminents et séparés ou, au lieu de crocs, une entaille de quelques centimètres; il y a deux trous aux extrémités, d'où partent les courroies, et il est placé en travers du pied.

Nous repartons ; d'ici au sommet de la passe, nous ne rencontrerons plus de maison. A mesure que nous montons davantage, la neige devient plus épaisse, et dans certains bas-fonds nous en avons jusqu'aux genoux. Nulle trace humaine: nous sommes les premiers qui passons ; j'ouvre la marche, et de loin en loin j'esquisse non pas une chute, mais un salut profond. Mes gens ne sont pas tous aussi heureux; j'entends un éclat de rire. *Pai noien,* crie le rieur ; c'est son compagnon qui vient de s'incliner jusqu'à terre.

Ah! des pas précipités derrière moi! Je me retourne; trois Chinois porteurs de thé, revenant à vide de Ta-Tsien-Lou où ils ont livré leur marchandise, grimpent en courant et m'ont bientôt rejoint. Mes trois nouveaux compagnons de route m'assurent que nous approchons du sommet de la passe, sommet invisible, car nous sommes dans les nuages: ils prennent les devants. Au Thibet, pour tracer la route par une neige autrement épaisse que celle que nous foulons, on lance des bœufs à longs poils ; ici, à défaut de bœufs, voilà trois lanciers qui me rendent le même service. Je les suis, posant les pieds où ils ont posé les leurs, et je constate avec satisfaction qu'ici encore il vaut mieux marcher au second rang qu'au premier.

Bientôt on sent un petit vent souffler; nous arrivons, voici la passe. On a élevé, sur le bord de la route, un pagodin où trône une idole quelconque. Le pagodin, comme ses pareils, doit être fort misérable; aujourd'hui, il est magnifique, tout drapé de neige, neige à l'intérieur, neige aux parois, neige partout, ce ne sont que festons, ce ne sont qu'astragales... de neige..., des breloques, des pendentifs; l'effet est charmant.

Maintenant il ne faut plus chercher à marcher, c'est-à-dire à marquer le pas, mais trottiner rapidement, et, quand on glisse, glisser de bonne grâce, le corps raide et droit, comme le patineur sur la glace; quand j'ai manqué mon coup, le bambou, que je laisse traîner ordinairement, fortement serré dans la main, me sert d'arc-boutant. Mes deux jeunes porteurs ne sentent plus leur charge, ils glissent, ils volent, ils rient, ils sont enchantés de se trouver à pareille fête ; mon latiniste, homme plus sérieux, myope d'ailleurs, forme à lui seul l'arrière-garde; il sonde la route d'un œil inquiet, fait de loin en loin des glissades jusqu'à terre, mais toujours gravement.

Nous rencontrons bientôt quelques porteurs de thé, qui montent péniblement, pendant que nous glissons à vol de neige. Une fois de plus j'étudie sur place l'homme qui monte, geignant, soufflant, s'arrêtant pour respirer, et le visage du voyageur qui descend, riant, jasant, courant. Quel contraste !

Je ne sais pas si en France on trouverait un ouvrier

pour faire le métier de ces porteurs, mal logés, mal nourris, mal payés ; voilà des confrères miséreux dont les *socios* européens ne se soucient guère. Le thé est contenu dans des ballots de bambous, de forme longue et plate, de manière qu'il est facile d'arrimer tous ces ballots les uns sur les autres. Chaque homme en porte plus ou moins, selon ses forces. Ces ballots sont liés par des cordes, que l'on serre fortement en les tordant à l'aide d'une petite barre, comme la corde d'une scie ; ils ne font plus ainsi qu'un bloc.

Quelques robustes gaillards en portent une pile énorme qui s'élève et retombe comme un balcon au-dessus de leur tête. Quand le porteur de thé veut se reposer en route, et il le fait souvent, tous les cent pas au moins, il fiche en terre un bâton qui a la forme d'un T, il y appuie le bas de sa charge, et lui reste debout, les pieds écartés. Cette posture est solide, à moins que le T ne dérape, et alors le porteur fait la culbute, entraîné par sa charge, dont il ne peut se débarrasser assez vite. Le plus souvent cette chute est sans péril, à moins que l'imprudent porteur ne se soit arrêté dans un endroit dangereux, par exemple le dos tourné à une vallée ou à un torrent, et dans ce cas la chute est souvent mortelle, car, la route étant ordinairement très étroite, le porteur renversé plonge dans le vide ou roule sur le flanc escarpé de la montagne.

Après une descente folle à travers la neige, nous arrivons à la première étape, à une auberge tenue par un chrétien. Quel étonnement pour toute la famille de me voir à pareil jour ! On s'explique, et ils s'empressent de m'offrir... l'eau et le feu..., peut-être aussi le sel, j'ai oublié ; c'est tout ce qu'ils ont. Leur maison est grande et surtout très aérée ; le menuisier n'a été invité que pour élever la carcasse du bâtiment, toutes les cloisons sont faites de planches brutes, de longueur et de largeur inégales, simplement appliquées et retenues par des bâtons ; heureusement qu'il ne fait pas de vent aujourd'hui. La toiture est en planchettes ressemblant assez

Montagnard du Thibet.

mal à des tuiles plates, faites d'un bois spécial qui éclate très régulièrement, et dont les veines apparentes et symétriques servent comme de rigoles microscopiques à l'eau de pluie. Si cette couverture a l'avantage de laisser passer la fumée du foyer, car il n'y a pas de cheminée en Chine, elle est assez légère et peu coûteuse, relativement du moins, et il faut tous les ans la retourner et ajouter des planchettes neuves.

A l'intérieur, l'auberge n'a de remarquable que son vaste foyer en maçonnerie, dans lequel sont enchâssées les marmites. Chaque marmite a son foyer spécial, c'est-à-dire un orifice par lequel on met le bois ; la flamme, entraînée par l'air, lèche le fond de la marmite, et, ne trouvant pas d'issue, revient sur elle-même et sort avec la fumée par la même ouverture, qui sert alors de cheminée. C'est dans cette énorme marmite qu'on fait chauffer l'eau pour le thé, qu'on prépare le rôti, le bouilli, qu'on cuit un œuf ou une tête de cochon. Les ustensiles de cuisine sont : une brosse en bambou pour nettoyer ou essuyer la marmite ; une énorme cuillère en bois pour puiser l'eau dans le réservoir et le bouillon dans la marmite ; une petite pelle en fer pour agiter les légumes et le fricot ; un couteau large et court pour couper les légumes, la viande, et peler la pomme de terre ; une pincette en fer, qui a pour spécialité de pincer presque toujours de travers ; enfin un soufflet, c'est-à-dire un morceau de bambou ou de bois percé d'un trou, dans lequel on souffle à pleins poumons. Pour le service de table, quelques bols en terre et des bâtonnets en bambou au lieu de fourchettes.

Sur les routes fréquentées, même où il n'y a pas de légumes, on trouve toujours à acheter du fromage de pois ou *teou-fou*. A première vue, de loin, on prendrait ce bloc, blanc comme de la neige et carré, pour un morceau de fromage de lait. Ce teou-fou, que l'on trouve partout en Chine, est le fromage national. On l'obtient en faisant tremper dans l'eau pendant quelques heures des pois ou haricots particuliers à base de pierre probablement ; en vain vous chercheriez à les faire bouillir durant une journée entière, ils seraient encore immangeables. On broie ces pois détrempés, mais encore fort durs, sous une meule à main, au chant du coq et même avant ; c'est tous les matins le premier travail du garçon d'auberge. La meule est placée sur un cadre de bois, qui repose lui-même au-dessus de la marmite, dans laquelle les pois écrasés laissent tomber une bouillie blanche. La marmite, pleine d'une espèce de lait blanc et épais, est alors chauffée à grand feu ; le lait de savon qu'elle contient est traité chimiquement ; on y jette un peu d'une poudre blanche provenant d'une roche appelée *ngay-yen* en chinois, et dont j'ignore le nom scientifique. Le lait de pois se coagule alors comme un fromage ; on peut le manger, et certains gourmets le préfèrent de cette façon ; mais le plus ordinairement on le met dans une forme en bois carrée, où, en s'égouttant, il prend de la consistance ; au fur et à mesure des besoins, on le découpe en tranches, que l'on fait passer à la poêle avec ou souvent sans graisse pour les pauvres. Comme ce fromage est absolument insipide, on en relève le goût avec force piment ; enfin on le fait sécher, puis fermenter selon certaines règles. Immergé dans du vin chinois avec du piment, il tourne en pourriture désagréable à l'odorat, mais il est délicat au goût, au point de faire les délices des Chinois d'abord, des missionnaires ensuite et même de quelques voyageurs européens. Il paraît qu'un petit volume de pois donne une quantité de fromage considérable ; je me suis laissé dire que l'austère Confucius ne voulait pas y toucher, flairant quelque diablerie dans cette multiplication extraordinaire. Sous ce rapport, le grand docteur a été sans crédit, et le teou-fou est aujourd'hui la choucroute des Chinois.

Après quelques instants de repos, je presse le départ,

et nous nous mettons en route, toujours à travers la neige. Nous arrivons à un endroit qui donne un léger frisson; plus de route, cela va sans dire, il y a longtemps que nous ne la voyons plus; mais ici le chemin, dont nous soupçonnons la direction, longe le flanc d'une montagne à pente excessivement raide. Du sommet au bas du ravin, ce n'est qu'un immense drap blanc. Nous franchissons ce passage avec de la neige jusqu'aux genoux, au-dessus ou au-dessous de la voie, il n'importe, puisque nous en sortons heureusement; une glissade eût été fort dangereuse et peut-être mortelle.

Bientôt nous passons et repassons le torrent qui commence à se dessiner; nous rencontrons de loin en loin quelques maisons isolées, ou un groupe de deux ou trois auberges aussi misérables que celle dont j'ai fait la description. Le torrent s'élargit et bouillonne, on peut encore le franchir en sautant de pierre en pierre; puis voilà le premier pont : un arbre non dégrossi. Nous arrivons à la neige fondante; la poésie s'en va, et il faut patauger dans la boue. Puis peu à peu la boue disparaît, et c'est plaisir de se promener à travers de beaux sites où les pics dénudés alternent avec d'épaisses forêts. Nous sommes au commencement de la zone cultivée : quelques rares champs de sarrasin, d'avoine, ou de pommes de terre,... quand il y en avait.

Voilà bientôt dix ans, en effet, que la maladie des pommes de terre a commencé dans nos montagnes, et elle ne paraît pas devoir cesser. C'est en vain que j'ai cherché par tous les moyens, à Ta-Tsien-Lou, à combattre cette maladie. Des graines et des tubercules venus de France poussèrent d'abord fort bien, mais n'en furent pas moins attaqués dès la première année.

L'expérience nous a appris que la pomme de terre, plantée dans une terre nouvellement ouverte, était indemne de la maladie; que dans un terrain sablonneux, sans être indemne, elle résiste mieux au mal; la maladie fait d'autant plus de ravages que la terre est plus forte. C'est à la fin du mois de juin ou au commencement de juillet que l'invasion du mal a lieu ; depuis la plante qui n'a que des feuilles jusqu'à celle qui a des fleurs, même des fruits, tout est rôti dans l'espace de quelques jours.

Il paraîtrait donc que l'auteur de tout le mal est encore quelque coquin de microbe qui éclôt dans telle condition ou à une température déterminée. Dans ce pays d'ignorance absolue où la chimie n'est pas en honneur, on se contente de prendre patience et d'espérer qu'un jour ou l'autre la terrible maladie s'en ira comme elle est venue.

Nous traversons le petit pont en fer qui relie les deux rives, nous marchons encore un peu, et nous arrivons dans un petit village appelé Heou-Tiao. C'est là que nous allons passer la nuit.

Nos intellectuels comptent de Kiao-Chang à Chouy-Ta-Pin cent vingt ly, et de Chouy-Ta-Pin à Tien-Tsuen cent ving ly. Je voulais arriver à Chouy-Ta-Pin aujourd'hui ; j'échoue à Heou-Tiao, à quinze ly de Chouy-Ta-Pin ; les ly de la petite route sont sans doute plus longs que ceux de la route impériale de Tchen-Tou à Ta-Tsien-Lou. A ce compte, il me sera impossible d'arriver demain à Tien-Tsuen. La nuit porte conseil, et le sommeil donne des forces; dormons un bon somme, et demain nous verrons.

V

INCIDENTS DE ROUTE ET RÉFLEXIONS

Au point du jour nous nous mettons en route. Mes souliers de paille et mes bas ont été séchés au feu hier soir; je n'ai point eu les pieds entamés par ma chaussure, comme je pouvais le craindre: c'est plaisir de marcher à l'aube naissante.

« Faites-vous votre oraison en voyage? me demandait un jour un vieux missionnaire.

— Mais sans doute; quelle question?...

— Oh! oui, l'oraison en voyage, je sais ce que c'est. Vous la commencez, mais quand la finissez-vous? »

Il faut l'avouer, c'est bien ainsi que les choses se passent; on commence, on recommence, les incidents de la route, le spectacle de la nature, un rien vous distrait. Il ne faut donc pas vouloir faire une oraison en trois points, selon la méthode ordinaire, mais se contenter de tenir le cœur élevé vers Dieu en suivant le plus possible son sujet. Cette oraison en vaut bien une autre, d'autant plus qu'on peut la continuer toute la journée. Il y a le soldat à l'exercice et le soldat en campagne. Pimpant et astiqué, le séminariste en chambre est le soldat à la revue; crotté, dépenaillé, le soldat en campagne est le missionnaire en voyage. C'est surtout alors que l'on a mille occasions de mettre en pratique toutes les belles considérations que l'on a pu faire jadis au coin d'un bon feu spirituel.

Depuis la passe de la montagne, nous avons toujours descendu en suivant les bords du torrent ; nous le quittons maintenant en prenant à droite, et nous faisons l'ascension d'un petit col; la montée n'est pas très longue, mais rude par endroit. On me montre le lieu où l'an dernier un porteur chinois, chargé d'une énorme caisse appartenant à un Européen de Ta-Tsien-Lou, a fait une chute déplorable. Il portait un moulin en fonte, qui fut brisé dans la chute; heureusement le porteur fut seulement blessé. On aurait oublié de me rappeler cet accident si, juste au même endroit, nous n'avions rencontré un porteur de laine tombé et que nous avons aidé à se relever. Arrivés au sommet du col, nous apercevons à nos pieds la vallée de Tien-Tsuen, beaucoup plus large que celle que nous quittons, mais absolument déboisée, tandis que, de Kan-Keou à Chouy-Ta-Pin, nous pouvions apercevoir de vastes forêts; ce sont ces forêts que les Chinois ravagent.

En effet, la première chose que nous voyons dans la petite rivière de Tien-Tsuen, ce sont d'énormes pièces de bois déjà équarries, que l'on fait descendre au fil de l'eau à l'aide de longues perches armées d'un croc en fer. Ces bois vont descendre jusqu'à Ya-Tcheou; là on les réunira en radeaux qui iront jusqu'à Kia-Tin, et de Kia-Tin remonteront à la capitale, où on en fera des cercueils.

Vallée du Thibet.

En tout pays on exploite les forêts, mais selon certaines règles. En Chine, on coupe tout et on ne replante jamais ; le Chinois est le *microbe* des forêts : partout où il s'établit, elles disparaissent. Toutes les constructions chinoises étant en bois, de plus l'usage étant de boire et de manger chaud, de se laver à l'eau chaude, on conçoit qu'il faille beaucoup d'arbres. Mais alors comment fait le Chinois quand il a tout ravagé autour de lui? Il va un peu plus loin, et puis, quand il ne trouve plus rien, il s'efforce de faire des prodiges d'économie, brûlant tout ce qu'il a sous la main, depuis les broussailles desséchées jusqu'aux tiges de maïs.

De loin en loin nous trouvons des ponts en bambou ou en fer. Le pays de Tien-Tsuen est le pays des ponts, et je m'explique maintenant comment on a eu l'audace de faire le pont de Lou-Tin-Kiao, et aussi comment on a eu naturellement sous la main des ouvriers capables d'un tel travail, les forgerons de Tien-Tsuen s'étant livrés de tout temps à des constructions analogues.

Tout à coup nous rencontrons sur notre passage un homme dont la figure et les vêtements sont inondés de sang ; deux amis, dont l'un armé d'un parapluie ouvert sur sa tête, quoiqu'il n'y ait nullement de soleil, le soutiennent et le conduisent. Je ne m'explique pas trop ce qui aura dû se passer : cet homme aura bu, joué à la sapèque, puis se sera pris de querelle; de là bataille et blessures. Quant au parapluie, qui sert également en Chine de parasol, c'est bien simple : l'Esculape chinois a recommandé aux gens blessés d'éviter le moindre vent, comme aux morts de regarder le ciel.

Le maître de l'auberge chez qui nous entrons bientôt après cette rencontre va nous renseigner. Le blessé est un *corsaire,* quoique n'ayant jamais couru la mer : il y a dans nos montagnes un certain nombre de ces corsaires opérant sur le plancher des vaches. Ils ont pour spécialité d'enlever les femmes malheureuses en ménage et les jeunes filles menacées de coiffer sainte Catherine. La chose est très facile et réussit fort bien, le plus souvent grâce à la société des francs-maçons chinois et à la bonne volonté des intéressées. Les francs-maçons servent d'intermédiaires et se chargent du placement de ces malheureuses créatures, que l'on vend au plus offrant, qu'il soit borgne, boiteux ou pauvre comme Job. Si leur première fuite n'a pas réussi et qu'elles soient tombées de Charybde en Scylla, c'est bien simple, on recommence avec l'espoir d'être plus heureux. A la fin de l'année dernière, qui est l'époque la plus favorable pour ce commerce, le nouvel an devant empêcher d'entreprendre ou de continuer toute poursuite, mon blessé avait favorisé ou opéré lui-même l'enlèvement d'une jeune femme et de sa fille. Rencontré par le mari et père des fugitives, il a été rossé d'importance, il ne l'avait certes pas volé, et il aurait été tué sans les amis, toujours prêts à intervenir à propos de ces péchés mignons, où ils ont tous trempé une fois ou l'autre.

Il va sans dire que cette abominable coutume est sévèrement prohibée par la loi, qui est très belle en Chine, mais pure théorie ; en fait, les mandarins sont impuissants. D'ailleurs, tout est admirablement hiérarchisé dans ce vieil empire, et c'est à faire envie à nos ronds-de-cuir de France ; qu'il s'agisse d'homicide ou de vol, tant qu'il n'y a pas d'accusateur, il n'y a pas de délit : c'est un principe inattaquable. Aussi au lieu de porter une accusation au mandarin et de faire de grands frais, les victimes se font le plus souvent justice elles-mêmes.

Je remarque dans l'auberge où nous dînons un tas de branches aux feuilles vertes; comme le pays est entièrement déboisé, je suppose que ces branches une fois sèches tiendront lieu de bois de chauffage. Je me trompe, ces branches, ou plutôt les feuilles de ces branches, serviront à faire d'excellent thé. Comme le Chinois ne boit pas d'eau froide, du moins ordinairement, il s'est ingénié et a trouvé dans ses montagnes certaines feuilles, sinon toniques ou aromatiques, du moins inoffensives, qui, prises en décoction, lui donnent l'illusion du thé. Ainsi le Breton et l'Allemand se consolent de n'avoir pas de vin, fi donc! en buvant à longs traits le cidre et la bière.

Nous avons déjeuné, et nous repartons cette fois pour arriver à Tien-Tsuen. Nous marchons, marchons, mais la vallée, au lieu de continuer à s'élargir, se rétrécit de plus en plus. Vraiment, je ne sais par où va m'apparaître Tien-Tsuen. Voilà que les deux rives se réunissent presque, ne laissant entre elles qu'un étroit passage qui semble taillé de main d'homme. Ce passage franchi, tout d'un coup la vallée s'ouvre en un immense cirque, dont les collines environnantes, grimpant les unes sur les autres, forment comme des gradins où les siècles sont assis en spectateurs. Il me serait difficile de rendre l'impression enfantine que j'éprouve à la vue de ce spectacle: un pays plat, du moins presque plat, plat à perte de vue. Il y a donc des pays plats. Que c'est drôle un pays plat! Enfermé dans des montagnes à pic, mon œil s'est habitué à cet horizon depuis trente ans. Il y a trois jours, j'étais au milieu de montagnes arides, desséchées par un froid rigoureux; il y a deux jours dans les neiges, puis dans les forêts, et tout d'un coup je suis dans un immense jardin.

En effet, tous les champs, jusqu'au sommet des collines, sont plantés en lignes régulières, mais largement espacées, de *tsay-tse,* plante dont on extrait l'huile. Pas une mauvaise herbe, on dirait que l'intervalle de chaque ligne vient d'être nouvellement ratissé. Quelques champs de fèves, ceux-là plantés drus, commencent à fleurir. Lorsque la plante à huile sera en pleine végétation, on mettra du maïs dans les intervalles laissés à dessein : on aura ainsi deux récoltes par an sur un même champ. Pour extraire l'huile de *tsay-tse,* les Chinois se servent d'un pressoir très primitif: un énorme tronc d'arbre scié par le milieu, puis creusé et bien poli, de manière à obtenir deux énormes couvercles que l'on rajuste ensuite, tout en laissant d'un côté une rainure assez large pour y introduire des coins de bois. Cette sorte d'énorme boîte est placée horizontalement dans une construction en bois; un balancier en bois est fixé à la charpente, de sorte que son extrémité vient battre les coins placés dans le flanc du pressoir; à l'aide de cordes, quelques hommes robustes lancent le balancier, qui chasse les coins introduits les uns après les autres. L'huile ainsi obtenue est très bonne pour l'éclairage; on s'en sert aussi pour certaines fritures et pour la salade.

VI

ENFIN TIEN-TSUEN! — UNE NOCE — RENCONTRE

Enfin Tien-Tsuen apparaît! Sur un pont en pierre d'une certaine élégance, nous traversons un ruisseau dormant; encore un étonnement pour mon œil habitué à ne voir jamais que des eaux rapides, bouillonnantes, écumantes, tombant en cascade à travers les rochers. Nous entrons en ville; notre déjeuner est déjà bien loin, et nous nous proposons de faire un dîner réparateur dans un bon hôtel. Une grande artère principale bordée de maisons et de magasins fermés; beaucoup d'enfants qui semblent s'amuser; des promeneurs, tous plus ou moins endimanchés; quelques marchands d'oranges et de gâteaux: c'est tout Tien-Tsuen. L'ensemble n'a rien de gai, et un premier de l'an chinois prolongé pendant plusieurs jours doit ressembler beaucoup, si j'en crois la renommée, à une suite de dimanches à Londres. Nous avançons gravement et rapidement au milieu de la chaussée; tous les regards se tournent vers moi; on s'appelle d'une maison à l'autre pour se montrer du doigt ce voyageur extraordinaire, et, quoique sa barbe ne soit pas une barbe de sapeur,

« Jamais on n'avait vu un homme aussi barbu. »

Tous les yeux me cherchent, moi je cherche des yeux une auberge. Pas d'auberge, rien que des petits restaurants aux pains chauds et appétissants, mais farcis de viande, et c'est aujourd'hui vendredi ; marchons toujours. Les oranges exposées çà et là me paraissent excellentes à première vue, d'autant que la marche, malgré la froide température, a aiguisé notre soif ; je voudrais bien en acheter, mais mon premier ministre, chargé de la menue monnaie, est parti en avant, cherchant, cherchant toujours de ses yeux myopes l'introuvable auberge, et, bien sûr, lui n'a pas vu les oranges. Toujours flairant d'appétissantes odeurs et clignant de délicieuses oranges, nous avons traversé la ville dans toute sa longueur sans trouver d'auberge. Nous avons dîné par cœur.

Après une bonne heure de marche, nous franchissons un riant coteau. Tout à coup une harmonie lugubre frappe mon oreille ; bientôt je vois apparaître l'artiste qui soupire ces sons caverneux. Il est armé d'un tube de gros bambou percé des deux bouts, mais dont l'un des bouts a été ensuite fermé d'une légère peau. D'un doigt, je le crois du moins, ou de plusieurs doigts, on frappe la peau de ce mirliton, et l'on obtient une note unique, toujours dans le même ton, plus ou moins résonnante, selon la force du coup,... et c'est tout. Avouons-le, pas n'est besoin d'être musicien pour déclarer cette musique atroce et triste au possible. Notre artiste n'est ni plus ni moins que le violoneux de nos campagnes qui conduit la noce à l'église. En effet, nous voyons apparaître deux chaises ; dans l'une est la nouvelle mariée, un voile la dérobe à tous les regards; dans l'autre est la marraine, visible et la figure réjouie.

Un lama avec son moulin à prières.

La nouvelle épouse, au contraire, a dû pleurer toutes ses larmes en quittant la maison paternelle; elle doit encore pleurer toutes ses larmes le long de la route, au moins quand elle rencontrera des passants, afin que nul n'en ignore. Elle a entendu nos pas sur les dalles de la route; aussitôt larmes de couler et sanglots d'éclater : c'est vraiment poignant. Un des jeunes gens qui m'accompagnent ne peut s'empêcher de rire et de faire une réflexion :

« Pleurera, pleurera pas la belle! » dit le loustic.

De fait, ce n'était pas réussi.

C'est agréable de rencontrer une noce joyeuse, mais il nous serait plus agréable encore de rencontrer un dîner; nos estomacs protestent de plus en plus.

Voici Che-Yang, un grand village où le monde afflue les jours de marché, mais où il n'y a personne à voir et rien à acheter les autres jours. Nous en faisons l'expérience. Marchons toujours. Enfin vers trois heures, en pleine campagne, sur le bord de la route, j'aperçois tout d'un coup la table mise; oui vraiment une longue table de bois, sur la table quelques tasses vides et une autre renversée, sous laquelle on a étendu une petite provision de légumes fraîchement découpés. C'est clair, tout est prêt pour un repas fortifiant. D'abord, par une heureuse rencontre (décidément la fortune nous sourit), un bon vieillard bien complaisant, marchand ambulant, nous offre un morceau de teou-fou concentré, savamment aromatisé et surtout fortement pimenté, qui nous fait venir l'eau à la bouche... et les larmes aux yeux. Pendant que nous dégustons ce fromage distingué, notre maître d'hôtel s'est empressé, et nous sommes servis. Premier, second et troisième services, des raves, des raves, et encore des raves; mais des raves crues, confites dans le sel, d'un fumet et d'une saveur bien supérieurs à la choucroute allemande, je puis vous l'assurer. En vérité, c'est bon avec un morceau de pain de maïs et du bon thé bien chaud; c'est stomachique, réconfortant, désaltérant.

Nous arrivons à un endroit où la route se bifurque,

nous hésitons sur la direction à prendre ; un petit Chinois fort gentil, voyant notre embarras, s'adresse à nous :

« Messieurs, si vous allez à Lou-Chan, continuez votre chemin ; si vous allez à Ya-Tcheou, prenez à droite. »

Nous le remercions et prenons à droite. La rivière, dont nous avons quitté les bords avant Tien-Tsuen, décrit dans la plaine une énorme courbe ; nous marchons maintenant droit à la rive du fleuve.

Tout d'un coup une jeune fille, une serpe à la main, sort de chez elle portant une petite hotte et maugréant tout haut :

« Ma mère, c'est une tigresse ; couper de l'herbe à cochon, où en couper de l'herbe à cochon ? »

Voilà une enfant bien méchante sans doute ; mais, à dire vrai, je me demande moi aussi où l'on peut aller couper de l'herbe en plein hiver, dans un pays dont tous les champs sont sarclés comme des jardins. Presque au même moment, une charmante fille, qui doit certainement bien aimer sa mère, nous interpelle :

« Vous voulez sans doute prendre la barque ; dépêchez-vous, elle va démarrer à l'instant. C'est son dernier passage, et le barquier se retirera chez lui, de l'autre côté de l'eau. »

Merci à cette bonne enfant. Nous nous hâtons : la barque se détachait du rivage, mais n'avait pas encore viré de bord. Nous prions le barquier d'aborder. D'un coup d'œil il nous a dévisagés. Reconnaissant en nous des voyageurs étrangers, par conséquent des passagers payants (ceux du pays étant abonnés pour une somme minime), il veut bien se rendre à notre prière, et nous nous embarquons.

« Messieurs, payez vos places, nous dit-il.

— Nous payerons avant de débarquer, répond mon majordome. Nous sommes gens solvables.

— Non, non, tout de suite, reprend celui-ci, j'ai été trompé trop souvent. C'est tant. »

Mon homme veut encore discuter sur le prix, mais c'est inutile, et nous nous exécutons. Le fleuve est passé, et nous continuons notre chemin.

L'année dernière, quelques membres de la commission lyonnaise venant de Tchen-Tou par Kiong-Tcheou et Louchan, ont remonté en sens inverse la petite route de Tien-Tsuen à Ta-Tsien-Lou. Dieu! quel affreux souvenir ils en avaient gardé, et, si le récit de mon voyage leur passait sous les yeux, ils seraient à coup sûr bien étonnés de mon optimisme.

J'ai fait le voyage en hiver, par un temps sec, sans une goutte de pluie, et eux ont voyagé juste au moment des grandes pluies, en chaise dans un pays détrempé, à travers des routes effondrées ou coupées par l'eau; de plus ne sachant pas la langue, n'entendant rien, ne connaissant pas les coutumes. Gens civilisés débarqués de Marseille depuis quelques mois seulement, et habitués au confort et aux facilités de transport que l'on rencontre partout en Europe, ils ont fait là une rude *traversée;* tandis que moi, vieux montagnard, descendu de mes forêts, parlant, voyant et entendant, servi d'ailleurs par des circonstances favorables, j'ai fait un voyage enchanteur. Eux se rappelleront toujours avec amertume le pays de Tien-Tsuen, et moi, heureux et satisfait, j'ai rempli mon vœu : *si je n'ai jamais vu, si je ne dois jamais voir Carcassonne,* je mourrai cependant content, car j'aurai vu enfin Tien-Tsuen. Le Chinois qui donna ce nom au pays a dû partager quelque chose de mon enthousiasme, car Tien-Tsuen signifie : Ciel parfait ou Perfection du Ciel.

Nous arrivons à l'autre extrémité du cirque que forme la plaine de Tien-Tsuen. Les coteaux, les collines ont disparu, la chaîne des grandes montagnes se dresse de nouveau devant nous, comme pour nous fermer le passage. Nous arrivons aux portes du *Dragon volant*, dans lesquelles entre, limpide et dormante, la rivière de Tien-Tsuen; la route monte par une pente raide mais courte. Du point où nous nous trouvons, nous retournons en arrière, nous embrassons d'un coup d'œil toute l'étendue du bassin que nous venons de traverser à pied, et bientôt nous touchons la rive opposée. Nous sautons à terre, et d'un pas rapide cette fois nous nous dirigeons sur Ya-Tcheou.

Après une demi-heure de marche, nous entrons en ville, et quelques minutes après nous arrivons à la cure, au moment où les gens de la maison récitent leur prière du matin. Le curé est absent; le consul n'arrivera que dans deux ou trois jours. A part l'absence du curé qui est allé à la retraite à Souy-Fou, tout est pour le mieux. Je suis arrivé à temps, et j'ai quelques jours pour me reposer avant de reprendre la route de Ta-Tsien-Lou avec le consul. Je dis un *Deo gratias!* le cœur joyeux. Parti de Ta-Tsien-Lou le lundi, j'étais à Ya-Tcheou le samedi matin.

DE CHINE AU THIBET

Après trois mois d'attente, la caravane arrive enfin, et nous nous mettons en devoir de faire nos caisses. Pendant quinze jours, le chef de la bande achètera son thé, ses toiles, etc., pour les porter à Lhassa. Nous distribuons nos bagages dans des caisses de soixante à soixante-dix livres chinoises, maximum d'une charge de mulet. Ces caisses ne doivent pas non plus être trop grandes, car, les routes étant souvent étroites, elles risquent de se briser sur les rochers, en se heurtant aux parois de la montagne. De plus, tout ce qui est porté à dos de mulet au Thibet doit être enveloppé de peau, ce qui donne plus de résistance et plus de sécurité.

Voilà pour nos bagages. Nos personnes doivent être aussi transformées. Déjà à Shang-Haï nous avions l'habit chinois. A notre costume nous ajoutons un manteau de drap rouge, large et n'arrivant pas tout à fait aux genoux; un capuchon de même couleur qui descend sur le dos et s'agrafe sous le menton; de plus, une espèce de visière brodée en soie qui doit garantir nos yeux des rayons du soleil et des reflets de la neige; elle se glisse entre la tête rasée et le chapeau. Voilà à peu près notre accoutrement.

Enfin, après avoir consulté les lamas pour connaître le jour favorable, le chef de la caravane annonce qu'il partira le dimanche 27 mai. Nous sommes accompagnés de trois guides. Deux d'entre eux sont des chrétiens. L'un, Siman (Simon), sera notre homme d'affaires. Le second, Thibétain, Paulo, est chasseur de musc de son métier. C'est un chrétien exemplaire. Le troisième domestique est un pur Chinois.

Le 27 mai, le soleil se leva radieux. Ginétrin, notre chef de caravane, fit dire, au même moment, que les lamas avaient changé d'avis et que le jour n'était plus favorable. En réalité, il était ivre à ne pas se tenir debout. Nous partons quand même. Nous jetons un dernier regard sur la ville.

Croiriez-vous qu'en ce moment cette population s'intéresse à la guerre sud-africaine?... Elle ne va pas sans doute se renseigner au bureau du télégraphe, qui vient jusque-là; mais on entend dire partout :

« Les Boers sont vainqueurs des Anglais! Ils ont débarqué en Angleterre et se sont emparés de Londres! »

Les Chinois s'expliquent très bien le fait.

« Les Anglais, disent-ils, ne sont soutenus par aucune puissance; par conséquent, personne ne s'est opposé à leur désastre, comme les Européens, il y a quelques années, empêchèrent les Japonais de prendre Pékin. »

Nous quittons bientôt le torrent de Ta-Tsien-Lou, sur les bords duquel nous apercevons le Versailles du roitelet. Nous nous avançons dans une gorge dont le fond est occupé par un ruisseau. La route serpente sur le flanc de la montagne. Le côté opposé a un aspect ravissant; il est émaillé de fleurs aux vives couleurs; sur les rochers le rhododendron étale ses nuances qui vont du blanc de neige au rouge le plus foncé. Bientôt nous arrivons à l'étape.

Le 28 mai, au point du jour, nous continuons à gravir la montagne non loin du torrent, que nous devinons seulement par son bruit à cause du brouillard. Nos hommes récitent leurs prières en marchant. Sur la route, à chaque pas, on trouve des monceaux de pierres plates sur lesquelles on lit une prière bouddhique. Il paraît qu'il n'est pas indifférent aux dévots de passer à droite ou à gauche de ces monuments.

Bientôt nous sommes au sommet, d'où nous descendons dans une vallée où l'on voit des tentes de pasteurs et de caravanes, des tours en terre construites contre les invasions.

La marche est agréable, car la vallée est à peine inclinée. Nous passons et repassons souvent les torrents. Dans les parties cultivées on voit de grandes maisons ressemblant à des forteresses. On rencontre des tours à chaque pas.

Les maisons thibétaines ont des toits plats en terre battue. Leurs murs sont également en terre; elles ont trois ou quatre étages; le rez-de-chaussée est ordinairement réservé aux animaux. Les chambres sont éclairées par d'étroites ouvertures qui ne sont pas même ornées de papier comme en Chine. Sur les toits on voit les autels domestiques où l'on brûle les parfums aux esprits; sur un coin de la terrasse se dressent des perches au sommet desquelles flottent de petites bandes d'étoffe où sont imprimées des sentences sacrées. Bientôt, au fond de l'horizon, nous apercevons Tongolo, où trois belles vallées se réunissent.

Le 30 mai, nous nous reposons de nos fatigues; les premiers jours de voyage à cheval sont toujours pénibles.

Au réveil, la neige couvre la montagne et la plaine. Quand nous avons pris notre repas, nous explorons les alentours le fusil sur l'épaule; mais nous ne voyons que neige et montagnes. Nos bagages arrivent enfin, et notre Ginétrin avoue qu'il ne pourra pas nous suivre, vu la multitude de ses animaux; il en a deux cents au moins. Nous laisserons donc nos bagages à la garde de Dieu et partirons demain.

Le 1er juin, dès l'aube, on part le cœur joyeux. Nous n'avions pas plus tôt mis le pied à l'étrier que nous rencontrons les ministres anglais qui restent à Tongolo, le point le plus avancé qu'ils occupent au Thibet.

Jusqu'ici la nature était sans vie et sans couleur, les vallées à peu près incultes et les montagnes déboisées. La vallée que nous prenons vers l'est devient charmante : le maïs couvre la plaine; les montagnes sont toutes verdoyantes de forêts; les tourterelles s'enfuient des tours en ruines; des faisans blancs se font entendre sous les bois. Tout notre monde est heureux de partir, car, si la marche est pénible, les repos prolongés le sont bien davantage.

La vallée se rétrécit insensiblement au milieu de vastes sapinières. Nous arrivons au pied de la montagne de Tongolo. Là, nous nous arrêtons pour respirer, car la montée sera raide. Nous remarquons chez les gens de la maison près de laquelle nous nous reposons des objets en fer émaillé. Tout cela vient des Indes par Lhassa.

Nous commençons l'ascension. Les arbres, énormes au début, deviennent de plus en plus rabougris; à la fin on ne rencontre plus que des arbrisseaux. Nous ne tardons pas à trouver de la neige. Munis de notre visière et de nos lunettes noires, nous ne risquons rien. Cependant notre figure n'est pas tout à fait préservée, et bientôt notre peau se dessèche et se gerce. La raréfaction de l'air nous éprouve péniblement. Heureusement nous sommes à cheval; il nous serait impossible de marcher longtemps à cause du mal des montagnes.

Sur ces plateaux neigeux, nous rencontrons l'escorte de l'ambassadeur de Pékin à Lhassa. On dit qu'il s'est empoisonné en route avec des feuilles d'or, manière tout à fait noble de se débarrasser de la vie chez les mandarins. Il craignait d'avoir à rendre compte de la marche des affaires du côté de l'Inde avec les Anglais. Les soldats s'en vont à la débandade; l'un porte un fusil du genre Gras; un autre, un fusil à mèche, du genre chinois; un autre, une hallebarde, une lance ou un grand sabre. L'un d'eux, la figure horriblement enflée, nous demande des médecines que nous n'avions pas évidemment sous la main.

Sur le plateau, ni végétation ni herbe. De ce point élevé, l'œil s'étend sur un immense tableau : à notre gauche, s'échelonne une suite interminable de montagnes dont les sommets sont blancs; à droite, des plateaux à perte de vue, qui doivent se relier probablement à ceux de la Mongolie.

Nous descendons un peu, et, arrivés près de broussailles naines, nous faisons halte pour le repas. En un clin d'œil, un tas de branches est amassé, le feu brille et, vu l'altitude, l'eau bout en un instant. On prend des tasses de thé beurré, et on avale quelques boulettes de tsampa (farine d'orge grillé). C'est ce qui constitue la nourriture habituelle des Thibétains.

Nous continuons à descendre et arrivons bientôt à un endroit où abondent des conifères énormes. La forêt épaisse est parsemée de souches mortes ; la route en est à chaque instant obstruée. Nous parvenons à l'étape vers deux heures.

Nous logeons toujours dans ce qu'on appelle « les palais publics », édifices qui sont bien plus misérables souvent que n'importe quelle maison du village. La chambre mandarinale où nous nous installons sert de passage à la fumée de la cuisine, qui, après mille circuits, finit par trouver l'unique ouverture pratiquée au milieu du toit. C'est là que nous sommes obligés de passer la nuit.

Le 2 juin, nous continuons à descendre la pente douce de la gorge. De temps en temps, on trouve des champs ensemencés d'orge ou de blé. Sur les petits ruisseaux qui viennent se jeter dans le torrent, on voit les curieux moulins à prières, composés d'un gros cylindre sur lequel sont écrites des formules bouddhiques, et qui tournent continuellement sous l'impulsion d'un courant rapide.

Tout d'un coup la vallée se resserre, et nous sommes obligés de passer sous d'énormes rochers. Plus loin le torrent va se noyer dans une grande rivière du nom de Kin-Ho, ce qui veut dire « fleuve d'or » ; c'est un affluent du Yang-tse-Kiang ou fleuve Bleu.

Au poste chinois de Ho-Keou, où nous passons la nuit, nous prenons un jour de repos. Pendant ce temps, nous changeons d'animaux de charge, car nous quittons le territoire de Kiala. Nos soldats eux-mêmes ont fini leur mission et s'en retournent après avoir reçu une récompense.

Pendant la journée, le mandarin du poste nous envoie des présents en œufs et légumes, choses rares dans le pays. A la place de ses œufs, nous mettons sur le plateau un foulard rouge semé d'étoiles jaunes et renvoyons les satellites avec notre carte pour le mandarin et une demi-roupie pour chacun d'eux.

Tout en nous promenant sur le bord de l'eau, nous examinons la manière dont les gens font passer les marchandises. Le courant est très fort et les deux rives éloignées. Les grands marchands passent sur des barques habilement maintenues par de longues rames.

Le 5 juin, nous arrivons au bord du fleuve. On charge les bagages sur une large barque, et on y fait sauter les animaux. Lorsque nous sommes au milieu du courant, les femmes crient, les animaux trépignent ; mais bientôt nous atteignons la rive opposée.

L'étape n'est pas longue, car la route est hérissée d'obstacles : pierres, arbres couchés, torrents, etc. De bonne heure, nous arrivons à Ma-Kaisou, poste chinois, isolé à mi-mont.

En arrivant, on fume une pipe; une tasse de thé achève la réaction, et l'on dit son bréviaire. Le 6 juin, nous achevons lentement l'ascension de la montagne.

La veille au soir, nos hommes nous racontaient que, sur ce sommet, il y avait ordinairement des brigands. Nous préparons donc nos armes en cas d'attaque. Mais, nous avons beau scruter les plis et replis de la crête, nous ne découvrons devant nous qu'une enfilade de pics neigeux. Notre secret désir de nous mesurer avec ces voleurs de grands chemins est déçu.

Nous continuons notre route sur des plateaux à perte de vue. De là, l'œil plonge dans les profondes vallées boisées. De temps à autre, la route est marquée par les os blanchis d'animaux.

Bientôt il nous faut descendre par un chemin à pic. On saute de roc en roc, de tertre en tertre. Dans ce cas-là, bien entendu, nos montures ont de la peine à s'en tirer seules. Sur cette pente abrupte, nous apercevons la grande lamaserie de Tongolo. Elle a l'aspect d'un gros village dont les maisons sont blanches et les toits roses. Elle est entourée de murs. C'est un véritable repaire de loups rapaces qui ne sont pas toujours étrangers aux déprédations qui se font en plein jour sur ces plateaux déserts.

Nous voilà dans la plaine. Elle a un aspect riant : les forêts verdoyantes l'entourent. On y voit un ruisseau limpide et tortueux, où de jeunes Thibétains s'amusent à pêcher à coups de pierres. Leur habileté est remarquable, et presque chaque fois ils attrapent leur proie. Nous avançons sous un soleil brûlant ; nous ne sommes pas encore habitués à ces changements rapides de température. Enfin nous faisons halte au campement, dans le « palais impérial », plus misérable qu'une étable. A la nuit, nous voyons passer un courrier qui vient de Lhassa et arrivera à Ta-Tsien-Lou en trois jours. Il trotte nuit et jour et prend à peine le temps de relayer sa monture aux postes chinois. Ces courriers rapides sont envoyés dans les circonstances graves. Arrrivée à Ta-Tsien-Lou, la dépêche est confiée au télégraphe pour Tchen-Tou ou Pékin.

La plaine de Tongolo est bien cultivée. Les femmes sont occupées à sarcler les céréales. Rien de plus curieux que le contraste qui existe entre leur parure compliquée et leurs rudimentaires instruments de travail, consistant en une pioche formée de deux morceaux de bois reliés à angle aigu. Mais elles sont couvertes de longues

Types thibétains.

chaînes de perles multicolores, qui pendent à de véritables assiettes en argent placées sur la tête.

Comme nous allons toujours de l'est à l'ouest et que tous les fleuves du centre de l'Asie coulent au sud, nous sommes obligés de traverser les vallées et de franchir les montagnes qui les séparent. Aujourd'hui encore, après une pente assez raide, nous arrivons sur le sommet d'où, en nous retournant, nous apercevons les montagnes déjà franchies. Les plaines sont, en été, de gras pâturages.

Nous nous enfonçons ensuite dans une vallée dont une partie a été bouleversée par les chercheurs d'or ; car le pays thibétain est riche en gisements. Nous faisons halte à Tsamaraton.

La nuit venue, notre attention est attirée par la récitation de prières accompagnée d'un tambour de basque. C'est le maître de céans qui, ayant mal aux reins, a demandé sa guérison à deux bonzes allant en pèlerinage. Nous regardons par les fentes, ce qui n'est pas difficile, et nous avons sous les yeux deux lamas récitant leurs patenôtres avec une volubilité extraordinaire.

De temps en temps, l'un d'eux souffle dans un tibia d'homme et en tire des sons lugubres ; puis ils s'arrêtent tous pour boire une tasse de thé, qui leur est servi copieusement.

Le patient qu'il s'agit de guérir est accroupi devant eux, et de temps à autre on le frappe sur le dos avec des bandelettes qui font partie du tambour. Enfin, après avoir bu une dernière tasse de thé, les saints personnages sont reconduits à la lueur des torches.

Le 8 juin, départ de bonne heure ; au bout d'une lieue

de marche, nous arrivons sur des pâturages couverts de neige. Malgré cela, les troupeaux de chèvres et de yacks paissent aux alentours des tentes noires, qui ressortent sinistrement sur la blancheur de la neige. Près de ces habitations mobiles, on voit un autel rustique, assez semblable à ceux que construisaient les patriarches; une brassée de branches odoriférantes y brûle lentement, et la fumée s'élève en colonnes noirâtres.

En descendant de ces lieux élevés, ma monture s'agite et me désarçonne. Rassurez-vous, je commence à m'habituer à ces sortes d'accidents; je me relève sain et sauf. Quand nous arrivons à Hotchou-Ka, la pluie tombe à torrents. Impossible, paraît-il, d'aller coucher au « palais » : il y pleut comme dehors. Un Chinois déploie le plus grand zèle pour nous recevoir, et nous partageons l'appartement des habillés de soie! Une tasse de thé bien chaud et une pipe ramènent la chaleur dans nos membres trempés, et nous passons une nuit délicieuse.

Le 9 juin, nous suivons, pendant une heure, une assez grosse rivière. Un pont est jeté près du village où nous avons passé la nuit.

Voici comment il est construit : deux murs en pierres brutes sont bâtis sur les deux rives; des poutres, enfoncées dans leur épaisseur, diminuent en se superposant la distance des deux piliers, et finalement un tablier de grosses pièces est posé dessus.

La plaine est fouillée par les chercheurs d'or, qui détournent de temps en temps le cours de l'eau pour laver le sable.

On fait la grande halte au pied des montagnes. Nous franchissons plusieurs plateaux où les tentes des pasteurs sont clairsemées. Bientôt nous sommes en vue de Lithang, au bord d'une vaste plaine, où l'œil se plairait à se reposer sur quelque verdure ; mais l'altitude (environ cinq mille mètres) ne permet aucune culture.

En approchant, on distingue la ville purement thibétaine, au-dessus de laquelle émergent les dzongs ou palais de deux roitelets ; à droite, les murs crénelés de la ville chinoise, et enfin sur une petite éminence la fameuse lamaserie qui fait la loi au pays.

A notre arrivée, des centaines de lamas nous regardent ; des enfants nus se vautrent dans des tas d'ordures et même au milieu d'animaux morts. Des corbeaux d'une taille énorme disputent aux vautours les charognes laissées en plein air et près des habitations.

Nous prenons un jour de repos et pouvons contempler à loisir l'immense lamaserie. C'est une véritable ville qui renferme de sept à huit mille lamas ; les toits des temples sont richements dorés, les autres habitations sont blanches et la partie supérieure rouge.

Je me souviens que, passant à Lithang, Mgr Biet visita la lamaserie et qu'il eut l'occasion de voir les curieuses cérémonies des funérailles. Plus tard il en écrivit la description, qui est fort intéressante, et comme je ne pourrais dire aussi bien, je reproduis son récit :

« On nous donna avis que si nous voulions voir une grande cérémonie, dans deux jours on devait procéder aux funérailles du Kembo ou supérieur de la lamaserie, mort le mois précédent ; son corps devait être dépecé et livré aux vautours par le nouveau supérieur, à trois kilomètres environ du monastère.

« Au jour fixé pour la cérémonie, à neuf heures du matin environ, par un froid de 25 degrés au-dessous de zéro, l'immense procession se mit en marche. Pour se faire autant que possible une idée du cortège, il est bon de décrire le costume des lamas. Ils ont tous la tête rasée complètement, sont chaussés de bottes en étoffes de trois couleurs: blanche, rouge et verte; la tige de la botte est retenue au-dessous du genou par des jarretières bariolées; ils n'ont ni bas ni culotte. Leur costume consiste en une jupe brune ou rouge en laine, serrée à la taille par une large ceinture en laine jaune; sur les épaules, ils ont un gilet rouge sans manches, les deux bras et une partie des épaules devant être nus. Cependant les riches enfreignent cette règle, et portent souvent une chemise courte en soie rouge écarlate, dont les longues manches leur couvrent les mains. Par-dessus ce costume, tous sans exception: moinillons, moines inférieurs et grands lamas, s'enveloppent le corps d'une écharpe rouge en laine, de la longueur de trois brasses sur un mètre vingt environ de largeur.

« Pour les grandes cérémonies et les prières, ceux qui ont le titre de lama ou docteur, et c'est le très petit nombre, sont coiffés de la mitre en drap jaune, qu'ils mettent à la façon des gardes municipaux, les deux parties de la mitre resserrées par la couture se trouvant sur le front et sur la nuque.

« Ceux qui n'ont pas le grade de docteur ou de lama, et c'est la presque totalité, sont tous coiffés d'un bonnet en laine jaune ayant la hauteur et la forme d'un casque de carabiniers: la crête qui orne le cimier du casque est en franges de laine jaune et frisée; même les petits moines de neuf à dix ans ont le chef orné de ce casque qui mesure le tiers de leur taille.

« Ces détails, trop longs peut-être, m'ont paru nécessaires pour que l'imagination puisse se représenter autant que possible une procession de lamas.

« A l'heure indiquée, le cortège se met en marche. Les lamas musiciens précèdent : une vingtaine de conques marines, des clarinettes dont le son ressemble beaucoup à celui de la cornemuse des Pyrénées, des flûtes faites en ossements humains, une douzaine de tambours de basque, une grosse caisse, quatre ou cinq paires de cymbales, de grandes trompettes de trois à quatre mètres de longueur, au pavillon de cinquante centimètres de diamètre. Il faut deux lamas pour faire manœuvrer ce dernier instrument, un porteur et celui qui souffle à pleins poumons ; cette trompette donne des sons puissants et rauques et sert à régler la cadence, car elle domine tous les autres instruments.

« Dès que la musique se fait entendre, les corbeaux sortent de la ville et viennent planer au-dessus de la procession ; ce sont des corbeaux des hauts plateaux, de la taille d'une poule et dont le croassement imite le son d'une cloche ; bientôt aussi les vautours quittent leurs observatoires, et arrivent de toutes parts, attirés par cette lugubre musique qui leur annonce un festin.

« Après les musiciens, s'avance le brancard sur lequel est étendu le cadavre raidi et complètement gelé, ce qui a dispensé de l'embaumer. Il est recouvert d'un drap rouge et porté par quatre lamas, casque en tête, et dont les bras sont ornés de brassards faits de mâchoires humaines.

« Derrière le catafalque, les grands dignitaires de la lamaserie ayant le titre de docteur ou lama suivent à cheval, drapés dans leur grande écharpe rouge et coiffés de la mitre jaune, comme je l'ai indiqué plus haut; chaque cheval est tenu en laisse par des moines inférieurs; les cavaliers ne sont pas plus de vingt à trente. Puis vient en assez bon ordre la masse énorme des moines inférieurs coiffés du casque jaune; tous marchent en ligne serrée de vingt à trente de front sur l'immense plateau de Lithang; ils sont près de quatre mille, c'est-à-dire presque au complet; il n'y a d'absents que ceux qui sont en pèlerinages et ceux qui font les brigands sur les routes.

« Arrivés au lieu désigné pour la cérémonie, les lamas mettent pied à terre sur un petit monticule et se tiennent debout en demi-cercle, faisant escorte au Kembo ou supérieur, qui s'asseoit sur un fauteuil garni de peaux de panthères.

« Aux pieds du lama se trouve un mortier de pierre qui servira à piler les os du défunt. La musique prend place en face des grands dignitaires, à cinquante mètres environ, et derrière la musique se range la masse compacte des religieux.

« Le cadavre est debout devant le trône du Kembo, soutenu par deux lamas. Pendant que les religieux chantent des exorcismes et des imprécations avec accompagnement de leur lugubre musique, deux moines armés de couteaux coupent sur le cadavre des lambeaux de chair et les présentent au grand lama, qui les offre aux vautours planant au-dessus du cadavre. Ceux-ci viennent prendre en voltigeant la nourriture qui leur est offerte. Les corbeaux restent en arrière; mais, lorsqu'un vautour a reçu un morceau trop gros, ils lui livrent bataille dans les airs et le lui ravissent souvent.

« Lorsque toute la chair du cadavre est enlevée, les

os sont disjoints par des moines inférieurs, pilés dans le mortier de pierre, mélangés à du thé beurré et à de la farine d'orge ou tsampa, mis en boulettes et présentés au grand lama, pour être livrés également aux vautours. Lorsqu'il ne reste plus rien, on déclare que la transmigration est opérée; on sert au grand lama une écuelle de thé beurré; il pétrit et mange une boulette de tsampa, et le cortège se remet en marche pour retourner à la lamaserie.

« Cette fois la musique joue ses airs les plus joyeux. Les moinillons quittent le casque qui gêne leurs mouvements; ils gambadent au milieu de leurs aînés, et les lamas eux-mêmes rompent les rangs pour arriver au plus vite au monastère, où les attend le joyeux repas par lequel ils vont fêter la transmigration de leur ancien chef. Depuis lors, j'ai appris qu'il y a d'autres genres de funérailles; je ne puis les décrire tous, mais voici la crémation.

« Le genre de funérailles le plus recherché par la classe aisée et par le plus grand nombre de lamas réputés riches, est la crémation. Lorsque le malade a rendu le dernier soupir, on invite un lama, qui de suite jette des sorts pour savoir pendant combien de jours avant la crémation il faut prier, combien il faut inviter de lamas pour ces prières. Le nombre de jours de prières et le nombre de lamas invités sont en rapport avec la dépense que peut supporter la famille ; si celle-ci est riche, les sorts répondent toujours que pour obtenir une bonne transmigration, il faut au moins quinze jours de prières exécutées par vingt ou trente lamas avec accompagnement de musique. Ces lamas sont nourris par les parents pendant tout ce temps, et, de plus, reçoivent un salaire journalier. Si la famille est peu fortunée, les sorts répondent qu'un ou deux jours de prières récitées par deux ou trois lamas suffisent pour obtenir la transmigration désirée.

« Sans plus tarder, on apporte un panier en bambou ou en cuir de un mètre de haut sur un mètre de large, et on y place le cadavre accroupi, les genoux relevés à la hauteur de la poitrine, les bras pendants, la tête inclinée entre les genoux pour qu'on puisse fermer le panier ; si la colonne vertébrale est trop rigide et gêne l'opération, un coup de couteau lui donnera la souplesse suffisante.

« Ordinairement on enduit le cadavre d'une forte couche de beurre pour accélérer la combustion. Si le jour fixé pour la crémation est lointain, on sale le cadavre, on remplit de sel tous les vides du panier ; puis, le panier étant fermé, on l'emballe dans une peau de yack détrempée que l'on coud avec soin, de façon qu'en séchant le cuir se resserre et ne laisse passage à aucun suintement.

« Quelquefois la crémation ne peut avoir lieu que plusieurs mois après l'ensevelissement dans un panier ; c'est lorsque au moment de la mort les récoltes des céréales ne sont pas terminées, car les lamas déclarent qu'on ne peut, à cette époque, brûler un cadavre sans attirer sur la région des calamités telles que la grêle ou la sécheresse. Au jour désigné pour la crémation, un bûcher est préparé d'avance au lieu fixé, ordinairement sur un monticule. Si la famille est assez riche pour bien payer les lamas, le panier est placé sur un brancard orné de drap rouge et porté par quatre de ces religieux. La musique des lamas précède le cortège ; puis viennent les moines qui ont prié pour la transmigration, et en dernier lieu les membres de la famille et les amis.

« Arrivés au monticule, les lamas se rangent du côté du vent et commencent une psalmodie lente et saccadée, accompagnée de leur lugubre musique ; le panier est placé sur le bûcher, et les parents ou serviteurs de la maison y mettent le feu, que l'on active de temps en temps en y jetant des boules de beurre et du bois sec, si c'est nécessaire.

« Enfin les lamas constatent que le cadavre est consumé, que la transmigration a dû avoir lieu dans de bonnes conditions. Généralement le vent disperse les cendres du bûcher et tout est fini; on ne pense plus au mort. Quelquefois les parents recueillent les cendres et quelques ossements calcinés, s'il en reste, et vont les placer dans les dobongs que l'on trouve sur les routes les plus fréquentées. On appelle dobongs (dix mille pierres, ou amoncellement de pierres) des murs d'un mètre de haut sur un mètre d'épaisseur, construits avec dévotion par les lamas au milieu des routes, sur une longueur de quinze à vingt mètres, quelquefois davantage. Sur ces murs, les pieux Thibétains placent des ardoises sculptées représentant des idoles ou sur lesquelles on a gravé la formule sacrée : *On ma ni pad mé om*[1]. Chaque ardoise ne portant qu'un caractère, il en faut six pour faire l'offrande d'une formule complète. C'est entre ces ardoises que quelques dévôts thibétains placent les cendres ou les débris d'os calcinés de leurs parents défunts. »

Pendant que je décris les funérailles thibétaines, nos

[1] Formule cabalistique dont on ne connaît pas bien la signification. On présume que chaque syllabe est le commencement d'un mot sanscrit.

hommes se procurent des provisions, car d'ici à Batang, soit sept journées de marche, il n'y a rien à acheter, pas même de la paille pour les animaux. Ils cherchent aussi huit mulets de corvée. Ce sont les lamas qui doivent les faire fournir par le peuple.

En gens avisés, ils profitent de l'occasion pour exiger du peuple trois cents animaux alors que nous en demandons huit. Les Thibétains refusent cette énorme contribution.

D'un autre côté, la lamaserie nous enjoint de quitter le pays et menace la maison qui nous héberge d'une entière destruction. Que faire? Confions-nous à la divine Providence.

Nous entendons dans la cour des hommes qui parlent anglais : ce sont trois explorateurs, les capitaines Beyder et Denis et le major Manifold, de l'armée des Indes. Ils ont quitté le territoire birman au mois de décembre dernier, traversé le Yun-Nan et remonté le Mé-Kong par trois routes différentes.

Réunis à Aten-Tse, grand marché chinois, ils ont voulu passer le fleuve pour suivre la route du prince d'Orléans. Les Thibétains du pays du Kianka, sur l'autre bord du fleuve, les ont reçus à coups de fusil, alors qu'ils étaient encore sur le territoire chinois.

Ayant perdu beaucoup de monde en route, ils ont préféré revenir sur leurs pas et ne pas riposter. Maintenant ils s'empressent de retourner à Shang-Haï par la route de Ta-Tsien-Lou. Les Thibétains tôt ou tard auront à se repentir, je crois, de l'accueil qu'ils leur ont fait.

Ces Anglais marchent le fusil sur l'épaule, entourés de cipayes, braquant leurs instruments deci, delà ; leur

Comédiens et musiciens thibétains.

désinvolture a mis en éveil la susceptibilité des lamas, et de là vient un peu notre position bizarre.

Le 11 juin, nous nous adressons à l'autorité chinoise pour obtenir des animaux de charge. Les mandarins n'ont ici aucune autorité; eux-mêmes sont en grande délicatesse avec la lamaserie. Mais, au moment où la situation paraissait inextricable, deux bonzes, envoyés par la lamaserie, viennent traiter du prix des animaux.

On tombe d'accord, malgré la somme exorbitante qu'ils exigent : quatre roupies par charge et pour deux jours. Prix inouï pour le pays, soit ! Il fallait coûte que coûte sortir de ce trou !...

Le 13 juin, à six heures, deux lamas arrivent avec les animaux désirés et chargent eux-mêmes nos bagages! *Deo gratias !* Les lamas en personne, c'est à peine croyable.

Quelque temps après, nous respirons librement dans la plaine. En une heure et demie, nous arrivons au bord de la rivière. Les Anglais, en la traversant l'autre jour, y ont perdu un homme. Mais nous avons un guide sûr : il nous conduit à un endroit où les eaux se divisent en trois ou quatre branches. Il est facile alors de passer sans même nous mouiller les pieds.

La mission anglaise arrivait par la route ordinaire et pensait y trouver un pont. Il est régulièrement emporté chaque année au moment des grandes eaux ; mais les mandarins le font renouveler, parce que la route impériale passe là. Cette année, les lamas n'ont pas permis sa reconstruction, et voilà pourquoi il n'y en avait pas.

Enfin, par monts et par vaux, nous arrivons vers deux heures à l'étape, qui se trouve au milieu d'une belle plaine entourée de montagnes.

Depuis quelques jours nos gens nous content des histoires de brigands. Sur la montagne, assurent-ils, il y a des voleurs. Il fallait donc parer à toute éventualité. Nous nous arrêtons au milieu d'une gorge, et chacun tire ses armes des bagages.

Les Thibétains viennent examiner nos fusils avec un respect mêlé de crainte, et ils vérifient s'ils sont bien chargés ; alors ils tirent la langue avec un cri d'admiration et disent qu'ils n'ont plus peur. Nos soldats d'escorte s'assurent que leur large sabre peut se dégaîner facilement.

Tout étant prêt, on se remet en marche, respirant à peine, menant son cheval par la bride, scrutant devant, derrière, à droite et à gauche, les moindres creux de la roche aride.

On fait ainsi en silence une heure de chemin à travers des blocs énormes de granit, derrière chacun desquels peut se trouver un brigand. Tout à coup, grande émotion ! Un coup de feu retentit à droite. Aussitôt on bondit sur le tertre qui nous sépare de l'endroit désigné, et l'on voit... Paulo, le chasseur, ramassant un lièvre saignant !

La grande halte se fait bientôt, et nous calmons nos battements de cœur en mangeant le quadrupède, qui fut déclaré succulent à l'unanimité !

Après avoir traversé de hautes régions désertes et sauvages, nous arrivons dans un joli vallon, semé de villages entourés de verdure. Quel délicieux tableau ! Au détour d'un sentier, nous apercevons une demi-douzaine de cavaliers thibétains revenant d'une partie de chasse. Leur port est grave et leur figure a quelque chose de noble.

Le grand sabre qui pend à leur côté est richement orné de plaques d'argent ciselé et de pierres, entre lesquelles les coraux et les lapis-lazuli tiennent une grande place. Leur fusil allongé est placé sur l'épaule. A leurs cheveux enroulés autour de la tête brillent des anneaux en argent et des pierreries.

Nous arrivons à Banou (en chinois Lamaya). Là, comme il est nécessaire de relayer nos chevaux de charge, nous devons nous reposer un peu : les animaux du village sont, paraît-il, à la montagne; on ne pourra les avoir avant vingt-quatre heures. Encore une supercherie pour nous gruger.

Nous remarquons des corneilles à pattes et à bec couleur de corail. Ces oiseaux, sans avoir l'audace de leurs congénères des Indes, nous amusent cependant beaucoup; ils se tiennent autour des cochons qui fouillent avec leur groin des pâtures dédaignées des autres animaux. Parfois même, ils se mettent gravement sur l'habillé de soie, afin d'être plus vite à portée de happer la proie à peine mise au jour.

Sur le soir, un courrier impérial passe au galop dans le village ; nos gens le hèlent. Il portera probablement la nouvelle de notre approche au Père Grandjean, qui réside à Batang.

Le 16 juin, on amène nos chevaux. Hélas ! sur huit, un ou deux seulement ont la force de se tenir debout ; les autres boitent horriblement. Il faut s'en contenter. Enfin, vers huit heures, la caravane se met en branle à travers montagnes et vallées. Nous rencontrons des caravanes de marchands, dont les chefs, richement vêtus, sont couverts d'amulettes qui les rendent, disent-ils, invulnérables.

En arrivant à l'étape du 17 juin, nous trouvons une lettre du Père Soulié, qui nous invite à aller chez lui. Mais, comme il faudrait nous détourner de notre route et que nous ne sommes pas seuls, nous ne pouvons déférer à sa demande.

A Rati, où nous passons la nuit, il y a quelques années, un ministre anglais mourut, tué, disent les gens du pays, par l'esprit de la montagne, parce qu'il l'avait pris dans son appareil photographique. Ne vous amusez donc pas, si vous venez par ici, à braquer vos objectifs inconsidérément ; soyez instruit par la punition de ce malheureux.

Le pays où nous arrivons le 18 juin est peuplé des tentes de plusieurs tribus de pasteurs; à chaque instant, nous trouvons des troupeaux de yacks aux longs poils, de chèvres et de moutons.

Nous escaladons la dernière montagne qui nous sépare du Kin-Cha-Kiang ou fleuve Bleu. Plus nous nous élevons, plus les pics voisins s'abaissent à nos pieds, et de nouveaux horizons s'offrent à nos regards.

Le sommet de la passe est couronné par un groupe de petits lacs aux eaux tranquilles et bleues. Au point culminant se trouve un dobong que chaque pieux bouddhiste augmente d'une pierre en passant.

Au bout de deux heures d'une descente raide et pénible, nous rentrons dans une région où les rhododendrons géants se mêlent aux sapins.

Le soir, nous campons au bord du torrent. En un clin d'œil, nous sommes installés à la belle étoile. Le ciel est pur et promet une bonne nuit. J'aime à contempler nos Thibétains s'occupant à préparer le repas, tenant d'une main une tasse de thé et de l'autre la pipe.

Après avoir dit le bréviaire, on n'a qu'à se reposer. Le crépuscule fait place à la nuit. Puis, on n'entend plus rien ; seule, la grosse voix du torrent ne s'endort pas.

De grand matin, le 20 juin, on est sur pied. Nous descendons toujours la montagne boisée. A un détour du chemin, nous rencontrons un missionnaire. Quelle joie pour tous ! On descend de cheval, on s'embrasse et on s'assied sur le bord de la route pour causer un peu. Puis, en avant, Batang n'est qu'à une demi-heure. Bientôt, en effet, la caravane, augmentée de nouveaux cavaliers, débouche dans la plaine.

La première chose qui frappe nos yeux, c'est le monument, construit dernièrement par les autorités chinoises et thibétaines, en réparation de la mort du Père Brieux, assassiné, il y a dix-huit ans, sur les bords du fleuve Bleu.

La plaine qui se déroule devant nous est magnifique. Ses blés à peine jaunis lui donnent l'aspect d'une mer en mouvement. C'est, au dire du prince d'Orléans, le plus beau coin du Thibet.

Un peu sur la gauche se trouve la ville, dont les maisons en terre battue prennent au soleil une teinte rose. Au fond, on découvre, entourés d'arbres, les toits dorés de la lamaserie. Nous parvenons enfin à la résidence du Père, et nous sommes heureux de nous trouver en famille après tant de jours d'isolement.

Batang est le lieu de résidence des deux chefs du pays qu'on appelle In-Kouan. L'autorité chinoise est représentée par un mandarin civil, un grand trésorier et deux autres mandarins militaires. Nous sommes obligés de rendre visite à ces seigneurs.

Que vous dirai-je de ces audiences ? Cela a été répété tant de fois que je n'ai rien à vous apprendre. Les politesses chinoises sont en tout le contre-pied de nos coutumes : rester couvert, cracher beaucoup et (pardonnez-moi l'expression) roter encore davantage, est de bon ton.

Le premier chef indigène que nous voyons est un fort brave homme ; son azom (palais) a plusieurs étages, l'intérieur est orné avec goût.

Le salon de réception est vraiment remarquable ; là sont réunies mille raretés chinoises et européennes : des horloges, des réveils de tout genre, des fauteuils indiens, des vases et des coupes en argent massif.

Il nous reçoit avec bonne grâce et s'informe, en fumant sa pipe à eau, de nos noms (chinois, bien entendu) et de notre voyage. Le thé nous est servi dans des tasses de fine porcelaine avec soucoupe en argent, par des esclaves à longue chevelure et au teint bronzé.

La visite se prolongeant, on nous offre des petits gâteaux frais, que nous mangeons à l'aide de deux bâtonnets d'ivoire ; après quoi, ces mêmes esclaves nous présentent une serviette européenne humectée pour nous laver. Jusque-là j'avais conservé mon sérieux, mais ce dernier détail provoque chez moi un fou rire que j'ai peine à étouffer.

Le chef paraît animé de bonnes intentions. Il connaît la religion catholique à fond, il nous parle même du pape et des cardinaux. Un jour, un missionnaire le fit sangloter au récit de l'histoire de Joseph vendu par ses frères.

Les 22, 23 et 24 juin sont employés à recevoir les visites des autorités. C'est la répétition de celles que nous leur avons faites. Les conversations sont ordinairement d'une désespérante banalité; elles roulent cependant quelquefois sur la religion, sur la France et sur la guerre sud-africaine.

Après les autorités chinoises viennent les chefs thibétains, et leurs visites se prolongent des heures entières. Il faut leur faire voir nos livres, nos photographies, nos armes.

Là, comme dans tous les districts que nous traversons, les lamas, qui ne devraient être que de simples religieux adonnés au jeûne et à la contemplation, sont les maîtres, les tyrans, la peste du pays.

Entendez-vous parler de quelque crime, ils y sont toujours pour quelque chose. Leur pouvoir est absolu. Ainsi, en toute affaire, il faut le sceau du mandarin, des roitelets et de la lamaserie; eh, bien! jamais les premiers n'apposeront le leur sur la moindre pièce, s'ils savent que le couvent n'est pas disposé à le faire.

Après ces quelques jours de halte, nous reprenons notre course. Lorsque je dis « course », qu'on ne s'y trompe pas: plus d'une fois, nous avons regretté les chemins de fer d'Europe. Arrivés au sommet d'une colline qui domine Batang, nous jetons un coup d'œil sur la plaine d'où se détachent la ville et la lamaserie.

Nous passons ensuite sous des bosquets variés. Des tentes blanches sont dressées dans ces lieux charmants, où bonzes et laïques prennent leurs ébats au son d'une lyre ou d'une flûte. Les perroquets jettent leurs cris stridents dans les touffes d'arbres où la couleur de leur plumage se confond avec la verdure.

Bientôt notre route est barrée par une butte qui s'avance à pic sur la rivière. Là nous nous arrêtons pour dire adieu au Père Grandjean, qui nous a accompagnés.

Peu après, nous rencontrons le fameux fleuve Bleu. Oh ! il n'est pas plus bleu que lorsque je le vis en pleine Chine. Ici on l'appelle le Kin-Cha-Kiang (fleuve qui roule du sable d'or). Nous suivons sa rive gauche sur le flanc de la montagne ; le fleuve est déjà si abondant que ses eaux occupent toute la vallée.

Cette route est fréquemment infestée par des brigands, qui pillent les caravanes et emmènent souvent les gens en esclavage. Ils se cachent au-dessus du chemin et tuent les hommes à coups de fusil, ou en faisant rouler des rochers sur eux. C'est ici que le Père Brieux mourut victime d'un guet-apens.

Le 26 juin, nous traversons le fleuve. Ma pensée se porte à cette époque mouvementée où nous le remontions entre I-Tchang et Soui-Fou. Que d'horribles moments nous ont ménagés ces eaux qui paraissent ici tranquilles ! Que de fois nous avons cru nous briser sur quelque écueil ou échouer sur un banc de sable !

A Gunra (pays de vignes), nous quittons ses rives pour escalader les montagnes qui nous séparent d'un autre grand cours d'eau, le Mé-Kong. Nous remontons une vallée où les villages se cachent sous des bosquets verdoyants.

Arrivés au sommet, nous jetons les yeux derrière nous et contemplons une dernière fois le large fleuve dont les eaux ont un reflet d'or. Au fond, les montagnes, estompées par la brume, ferment l'horizon.

En entrant dans le village fixé pour l'étape, le maître de la maison où nous serons hébergés nous tire la langue pour nous saluer, et nous introduit chez lui en conduisant nos montures par la bride.

Trois lamas en grande cérémonie sont installés dans une chambre, accroupis autour d'un récipient à thé beurré qui repose sur un réchaud. Sur une table, nous voyons des veilleuses alimentées par du beurre; des brûle-parfums, des petits vases en cuivre pour faire les libations, etc.

Les lamas récitent de longues prières, accompagnant la psalmodie du tintement d'une clochette en tout semblable à celle de nos églises; de temps en temps, l'un d'eux frappe sur un grand tambour suspendu au-dessus de leur tête.

A chaque pause, ils boivent une rasade. Puis, le plus jeune prend les gâteaux de tsampa qui ont été offerts aux esprits pendant le rite précédent et va les jeter sur le toit, où les corbeaux en font leur nourriture.

Ce tintamarre nous amuse un instant; mais, à la fin, notre tête en est malade. La cérémonie continue dans la nuit, et nous avons de la peine à dormir à cause du bruit du tambour et de la clochette.

Le soleil illumine à peine les pics voisins que nous sommes déjà à cheval. Devant nous s'ouvre une vallée à pente douce, où nous nous engageons. Nous remarquons la grande différence qui existe entre la culture de ce pays et celle de la vallée du Kin-Cha-Kiang.

Dans cette partie, les céréales étaient déjà ramassées sur les toits plats qui servent d'aire; ici, le blé sort à peine de terre. Au Thibet, on passe souvent d'une région très chaude à une autre très froide et vice versa.

Nous voyageons constamment sous des berceaux de verdure; parfois même on ne voit que des fleurs. La plaine s'élargit de plus en plus, elle est cultivée en maints endroits.

Des maisons et des lamaseries sont semées çà et là. En cheminant, nous apercevons près du torrent un couple de canards au plumage doré. Mon premier mouvement est de demander mon fusil ; mais je me rappelle que ce sont des oiseaux sacrés et que, aux yeux des Thibétains, c'est un crime énorme que de les tuer.

Après une grande halte que nous faisons au village de Bong, nous quittons la route impériale de Lhassa, qui continue dans la direction de l'ouest, et nous obliquons un peu au sud-ouest pour prendre la route du Yun-Nan.

Nous traversons d'abord de hauts plateaux, où les chèvres sauvages ont l'air de nous narguer ; nous les laissons courir dans ces espaces à perte de vue. Nous arrivons assez tard dans le village de Diagnitin. De ces hautes régions, nous remarquons les montagnes qui doivent fermer la vallée du Mé-Kong et qui s'échelonnent bien loin du côté de la capitale du bouddhisme.

Le 28 juin, nous descendons dans la vallée au milieu des forêts. Au village de Dzangun, nous dînons et changeons d'animaux de charge.

Le relais ne se fait pas toujours rapidement ici ; mais, quand les gens voient briller les pièces d'argent de la reine, ils s'exécutent de bonne grâce.

Le 29 juin, à l'aube, nous mettons le pied à l'étrier. Nous gravissons le Kiala, montagne célèbre par les brigands qui la peuplent. Mais il n'y a rien à craindre pour nous : le seul aspect de notre habit rouge fait fuir toute mauvaise pensée chez les gens de cet acabit.

Nous admirons tout à notre aise cette belle forêt, repaire aussi, dit-on, d'ours et de singes énormes. Nous n'avons pas le bonheur de faire la rencontre de ces

Un musicien thibétain.

animaux intéressants. Le sommet de la passe est de toute beauté ; les alentours sont couverts de rhododendrons aux mille nuances : c'est un vrai chemin de roses.

Sur la crête, nos gens nous font remarquer, avec une joie qu'ils ont de la peine à contenir, la place où se trouve leur pays, Yerkalo. Il va sans dire que notre cœur bat aussi. Nous descendons le versant abrupt, presque à pic ; puis viennent encore les profondes forêts.

Quelle surprise ! dans une clairière, nous apercevons le Père Bourdonnec fumant sa pipe en nous attendant. Bientôt nous sommes dans ses bras. Le brave missionnaire avait laissé son cheval dans la forêt, où nous attend avec impatience une escorte de chrétiens.

Quel bonheur de voir ces braves gens nous saluer avec un sourire et une joie inexprimables ! Nous nous asseyons sur nos tapis de selle auprès d'une petite source ; le thé, déjà prêt, nous est servi.

Enfin, après les premiers épanchements, la caravane se remet en marche, précédée d'une douzaine de cavaliers qui ne se lassent pas de nous regarder. Chemin faisant, ils font retentir de cris joyeux les échos d'alentour ; ils aiment à annoncer aux populations des villages que nous rencontrons, l'arrivée de leurs nouveaux Pères.

Au bout d'une heure de route, nous nous enfonçons dans une gorge étroite et profonde ; les parois de la montagne semblent supporter la voûte du ciel bleu. Tout à coup nous débouchons dans une vallée, et nous apercevons la mission au sommet d'une butte.

La crête est couronnée par tous les chrétiens de la

station qui nous saluent de loin, n'ayant pas pu venir à notre rencontre. Alors la bande pique des deux, et, peu après, nous sommes dans l'enceinte. Nous entrons aussitôt dans la chapelle, où la foule des fidèles nous suit, pour remercier Dieu.

La maison du missionnaire et la chapelle sont construites, comme toute habitation thibétaine, en terre battue. Elles furent détruites pendant la persécution de 1887. Maintenant la paix est rétablie.

Le poste de Yerkalo contient plus d'une centaine de chrétiens; il doit sa fondation à la persécution qui détruisit Bonga. Les chrétiens de cette station si florissante, après avoir erré sur les routes et dans les bois pendant longtemps, finirent par se fixer sur divers points du Mé-Kong. Et ainsi de Bonga sont sorties quatre stations différentes.

Dans ses pénibles débuts, Yerkalo fut soutenu par le Père Desgodins, aujourd'hui encore, à l'âge de soixante-quatorze ans, occupé à imprimer des livres thibétains. Il était secondé à cette époque par Mgr Biet, évêque de Diana, qui n'était alors que simple missionnaire. Plus tard, Mgr de Tiniade, administrateur actuel de la mission, y consacra une partie de sa vie apostolique. Aussi Yerkalo est-il devenu un poste modèle qui fait l'admiration des païens eux-mêmes.

Le Père Vignal, qui vient aider aujourd'hui le Père Bourdonnec, verra probablement blanchir la moisson; car, si la persécution est une grâce du Ciel, nulle autre station ne mérite davantage de recueillir des fruits de salut pour les pauvres Thibétains.

En attendant l'arrivée de nos bagages, nous avons le temps d'admirer à loisir le pays.

Au pied du plateau sur lequel Yerkalo est construit, coule le Mé-Kong. Il est encaissé dans une vallée profonde, et ses eaux ont le même aspect que celles du fleuve Bleu. Au bord du fleuve se trouve le village où durent s'arrêter les trois explorateurs anglais.

Au sommet de la montagne au pied de laquelle se trouve ce village, est perchée une lamaserie qui a pour consigne d'arrêter les missionnaires et qui nous défend la route de Bonga, notre propriété. Mais les gens de là-bas nous connaissent et nous aiment. Il y a quelques jours à peine, le missionnaire de Yerkalo vaccinait plus de deux cents personnes venues de Bonga.

Nous faisons nos préparatifs pour la dernière partie du voyage: ce n'est pas la plus facile, car la route, suivant presque toujours les bords escarpés du fleuve, est des plus dangereuses. Encore dix à onze jours de marche, et nous arriverons dans notre nouvelle patrie.

Le 18 juillet, les chrétiens viennent à la chapelle recevoir la dernière bénédiction des voyageurs. Nous traversons une vallée, et nous retombons en pays païen; les toits sont ornés d'autels bouddhiques et de perches « qui chassent le diable ». Mais ce peuple est bien près de la vérité; le jour n'est pas éloigné où il demandera le baptême.

Les bords du Mé-Kong sont parfois impraticables ; la route est alors obligée de s'enfoncer dans les montagnes. Nous en suivons longtemps les pentes parallèlement au fleuve, puis nous descendons dans une profonde vallée. Nous puisons de l'eau dans le ruisseau, car, sur la montagne où nous coucherons, il n'y en a pas. Au bout d'une heure de montée, nous parvenons à la halte de nuit.

Le 19 juillet, nous quittons de bonne heure le campement et nous cheminons sous une pluie fine et froide. La route est affreuse; nous descendons de nos montures et faisons des prodiges d'équilibre pour ne pas glisser dans les ravins. Le soir, nous entrons au village de Pamé, où la mission a un pied-à-terre. Notre-Seigneur en a pris possession, et son image sacrée brille dans cette chambre où trônaient les bouddhas.

Dans presque chacune des maisons où nous nous arrêtons on voit une collection de livres thibétains, qui se transmettent de génération en génération. Ce sont des amas de feuilles volantes empilées entre deux planchettes de même dimension, le tout entouré d'une courroie.

De Pamé la route se dirige sur le fleuve, dont elle surplombe bientôt les eaux profondes et boueuses. Parfois même le rocher à pic n'a pu être entamé; on passe alors sur des planches, maintenues tant bien que mal au-dessus de l'eau par des pieux dont l'aspect nous effraye à juste titre.

Sur ces mêmes chemins les chrétiens de Yerkalo, repoussés par tout le monde, errèrent longtemps, il y a quelques années. De distance en distance un pont de cordes relie les deux rives.

Bientôt nous arrivons sous une pluie battante au village de Napo, dont les maisons sont étroitement resserrées entre la montagne et le fleuve. En cet endroit, paraît-il, il y a d'abondantes mines de soufre. Mais la sotte crédulité du peuple les a fait abandonner; un bonze a lu dans ses horoscopes et déclaré que l'exploitation du soufre était un malheur pour le pays.

A l'étape, on nous offre force cadeaux en farine d'orge renfermée dans des boîtes dorées. La règle est de ne pas y toucher et de donner quand même un pourboire. Quel honneur! Nous sommes des chefs, des « grands hommes »; par conséquent, nous devons être riches et généreux.

Sur le toit des maisons nous remarquons, à côté des perches soutenant les toiles imprimées, de petites croix en bois. Est-ce un emprunt au christianisme? Je ne saurais le dire; mais un fait curieux porterait à le croire. En effet, il y a quelque temps, un sort fut jeté sur toute la vallée, et on ne pouvait se préserver du maléfice qu'en portant une croix; on raconte même que les païens arrachaient ce signe adorable du cou des chrétiens pour se l'approprier et se protéger.

Après avoir côtoyé le fleuve, du haut de la montagne qui, d'une pente uniforme, plonge sa base dans les eaux, nous nous arrêtons sur un plateau où l'on dresse le campement. Le sol est aride, et nos animaux n'y trouveront pas beaucoup de nourriture; mais au moins ils se reposeront.

Assis sous la tente, nous portons nos regards au loin sur des massifs sans fin. Un savant missionnaire donnait ainsi une idée de la configuration géographique du Thibet :

« Choisissez, disait-il, un morceau de papier assez raide, si vous préférez, glacé; froissez-le dans vos mains et laissez-le ensuite prendre la forme qu'il voudra; ses bosses et ses crevasses sont absolument l'image de notre pays. »

Il n'y a pas, je crois, de comparaison plus expressive pour donner une idée de ces régions.

Les jours se suivent et se ressemblent. Nous traversons des gorges verdoyantes, où les champs s'étalent en gradins sur le flanc de pentes abruptes; l'eau des torrents est détournée en amont pour les arroser, et descend ensuite en cascades dans le ravin.

Souvent la route serpente le long de rochers dont la base baigne dans le fleuve; il faut s'accrocher aux aspérités pour garder l'équilibre; parfois un bloc s'écroule, et on est obligé de faire des prodiges de gymnastique pour éviter une catastrophe.

En arrivant au gîte d'étape, on nous invite à entrer; mais nous préférons le toit aux appartements; nous serons bien plus à notre aise, la nuit sera moins chaude. Aussi, après le repas, nous jouissons d'un sommeil que nous envieraient les heureux de la terre.

Le 23 juillet, nous quittons le fleuve pour nous enfoncer dans une gorge qui conduit au grand marché d'Aten-Tse, centre de commerce entre le Thibet et la Chine. Nous suivons un gros torrent, laissant à notre gauche le pays de Dong, où se recrutent presque tous les habitants de la fameuse lamaserie d'Aten-Tse.

Nous voilà aux portes de la ville. Nous sommes heureux de revoir des marchands chinois; ils sortent de leur boutique pour nous regarder passer.

Nos chevaux descendent avec précaution les degrés des rues en pente, et nous arrivons bientôt à notre maison, que les missionnaires n'habitent plus depuis deux ou trois ans. Il y aurait cependant du bien à faire; mais, si la moisson s'annonce belle, les bras manquent pour la recueillir.

Nous nous reposons de nos fatigues, et quelques chrétiens viennent nous voir.

Nous recevons les cartes des mandarins de la ville, auxquelles nous répondons par l'envoi des nôtres; nous sommes ainsi dispensés de recevoir et de faire des visites.

De notre maison nous pouvons contempler la puissante lamaserie qui fut la cause de toutes les persécutions que les chrétiens ont endurées. Elle pratique l'usure en grand. Les dettes contractées envers elle doublent et triplent en quelques mois, et, quand les débiteurs sont insolvables, leurs enfants et leurs femmes sont vendus comme esclaves.

Le 25 juillet, nous traversons une plaine inculte où existait autrefois une ville qui fut emportée par les eaux du torrent de la montagne. En temps ordinaire, ce torrent est bien médiocre; mais il devient terrible à l'époque des grandes pluies, car les rochers, la terre et les arbres qu'il charrie ont une force incroyable.

Vers midi, nous retrouvons les rives du Mé-Kong. La chaleur, reflétée par le sol nu et pierreux, est insupportable; mais bientôt une petite gorge, à notre gauche, nous fait arriver à un village caché sous de nombreux noyers.

Dans la maison où nous prenons notre repas, un bonze, occupé à lire des livres sacrés, est assis sur le plancher, les jambes croisées. Devant lui, sur un escabeau, s'étale un livre ouvert; à sa droite, l'autel domestique, orné de fleurs et de fruits; la jarre à thé beurré à sa gauche. Il prie aux intentions de la famille.

Le village où nous passons la nuit, Latsa, est fréquenté par des milliers de pèlerins qui viennent à la fameuse montagne de Dokerla. L'affluence est particulièrement grande durant l'année du cycle dite du « Mouton », c'est-à-dire tous les douze ans.

Le 26 juillet, dernière étape; la route longe continuellement les bords du Mé-Kong. Le fleuve, dans cette partie supérieure de son cours, présente une certaine analogie avec l'aspect qu'il offre à son embouchure. Ici, comme dans la basse Cochinchine, il coule entre des bouquets de verdure. Mais, à un moment donné, les rives se resserrent ; les parois rocheuses s'élèvent à une hauteur prodigieuse. L'eau, affreusement tourmentée, mugit dans des cavernes profondes, et on se sent pénétré d'un sentiment de terreur. On passe sur des arbres accrochés aux rochers, et le sentier semble à chaque instant se précipiter dans le gouffre.

Enfin notre guide Simon nous montre au loin avec fierté la montagne au pied de laquelle se trouve Tse-Kou. Nous marchons encore plusieurs heures, examinant à chaque détour si nous n'arrivons pas.

Notre cœur bat bien fort lorsque nous pouvons saluer la belle chapelle de Tse-Kou. Elle semble surgir des flancs de la montagne, elle est entourée de la maison du vieux Père et des habitations des chrétiens.

Quel cri de joie s'échappe de nos poitrines! Il faut avoir passé les mers, traversé les déserts et se trouver ici pour comprendre l'émotion dont notre âme est remplie!

Nous pressons le pas, et nous sommes bientôt au bout du pont de Tse-Kou, un pont en cordes. Aussi nous faisons halte pendant que les appels de nos gens éveillent les échos des alentours. Alors on voit hommes, femmes, enfants, descendre vers l'autre rive en poussant des exclamations d'allégresse.

Bientôt nous apercevons le Père Dubernard, vieillard vénérable, qui vient à notre rencontre sur sa mule blanche. Nous le saluons de notre bord, et il répond par une révérence.

Aucun accident n'est à craindre pour le passage : les chrétiens ont placé le matin même un pont neuf; ce pont est demeuré un jour dans la chapelle du Sacré-Cœur, il a été bénit avant d'être inauguré.

Un homme du village de Tse-Kou passe d'abord sur la corde, pour la beurrer afin qu'elle soit bien lisse. Puis je me hasarde, non sans émotion : une nappe d'eau de cent vingt mètres environ s'étend devant moi, et c'est une simple corde qui doit me la faire traverser.

On m'attache avec une courroie sur un *ougong*, morceau de bois creux, qui glisse sur la corde; un chrétien habitué à la manœuvre s'attache aussi, et en avant! Si on perdait pied, on serait précipité dans le fleuve. La corde crie sous le poids : il semble qu'elle va se briser; mais nous nous arrêtons aux trois quarts du chemin.

Nous entendons l'eau bouillonner sous nos pieds; l'homme attaché avec moi prend la corde avec les mains et nous hale jusqu'au bout. Ah! quel soupir!

Je jette les yeux alors sur le chemin parcouru, et je m'étonne de la rapidité et de la facilité du voyage. Les animaux sont passés un à un : la corde fume sous leur poids; eux-mêmes, suspendus au-dessus de l'eau, ont une position singulière : leurs pattes battent l'air désespérément; puis, dès qu'ils sont arrivés sur la terre ferme, ils s'ébrouent vivement.

Les chrétiens présents nous saluent avec une joie qu'ils ne cherchent pas à dissimuler; on se met en route. Les salves d'artillerie annoncent notre arrivée aux échos de la montagne, et il est nuit quand nous entrons dans la mission.

La chapelle est illuminée; les néophytes remercient le Seigneur du succès de notre voyage. Nous leur donnons notre bénédiction, et ils nous saluent en faisant la prostration à la mode orientale. Au sortir de l'église, nous sommes surpris par les éclairs et les tonnerres d'un feu d'artifice, image de la joie et de la reconnaissance de tous.

Il y a juste un an aujourd'hui que je partais de Paris!

FIN

TABLE

AU LAOS

DU THIBET EN CHINE

30832. — Tours, impr. Mame.

www.ingramcontent.com/pod-product-compliance
Ingram Content Group UK Ltd.
Pitfield, Milton Keynes, MK11 3LW, UK
UKHW022057190726
13855UKWH00002B/525

9 782012 945371